Patrick Bourdet
avec Guillaume Debré

Rien n'est joué d'avance

Fayard

Couverture : Atelier Didier Thimonier
Photo : © Jean-Marc Gourdon
ISBN : 978-2-213-68144-3

Pour Line et Boule.

« Vient un jour où le risque de rester à l'étroit dans un bourgeon est plus douloureux que le risque d'éclore. »

Anaïs Nin

La rédaction de ce témoignage a débuté à Sydney en 1993 et s'est achevée vingt ans plus tard à Washington DC.

Aujourd'hui encore, l'histoire continue…

New York, 24 septembre 2009

Assise à mes côtés, Elizabeth se penche vers moi et me murmure à l'oreille :

– Demi Moore arrive sur votre gauche !

Incrédule, je me retourne : en effet, la star, accompagnée de deux jeunes hommes distingués, descend l'allée centrale à la recherche d'une place libre.

– Patrick, Patrick ! reprend Elizabeth. Barbra Streisand, là, derrière nous, avec le béret blanc !

Quelques minutes plus tôt, c'est avec Bill Clinton que je me suis retrouvé nez à nez. À sa gauche, Bono, le génial chanteur des U2, et la princesse Rania de Jordanie échangeaient quelques mots à voix basse. Kofi Annan, l'ancien secrétaire général des Nations unies, se tenait non loin de là, arborant lui aussi cette aisance naturelle qu'ont les gens qui semblent à l'abri de tout. La veille, pour l'ouverture de la cérémonie, le président Barack Obama avait prononcé un discours remarqué.

Dans ce parterre de stars et de puissants, je ressens comme une poussée d'adrénaline. Je suis bien et mal à l'aise à la fois. Un peu comme si je devais lutter pour accepter ma propre présence parmi ces innombrables personnalités.

Pourtant, me voici dans l'immense salle de réception d'un grand hôtel de Manhattan, invité par l'ancien président américain. Chaque année depuis sa création en 2005, la fondation Clinton récompense des projets qu'elle juge en fonction de trois critères : l'innovation, la portée planétaire et l'engagement, lequel doit être mesurable et guidé par l'action. En 2009, sur les trois cents dossiers présentés, seuls vingt ont été distingués. Parmi eux, le nôtre, qui, selon Nicholas Kristof, le célèbre éditorialiste du *New York Times*, pourrait « révolutionner la lutte contre le cancer ».

Pour m'assurer d'être à l'heure ce matin-là, j'ai quitté mon domicile de la banlieue de Washington bien plus tôt que nécessaire. Pour l'occasion, je porte un nouveau costume, beige, sobre. Et, une fois n'est pas coutume, je me suis résolu sans grande difficulté à ajouter à ma panoplie une nouvelle cravate à rayures diagonales.

La salle est désormais pleine. Y affluent des célébrités du spectacle, des figures politiques, des Prix Nobel et d'autres illustres personnages que mon inculture et ma méconnaissance du show-business m'empêchent d'identifier avec certitude. Dans mon dos, contre le mur du fond, se presse une nuée de journalistes et de photographes.

Tout à coup, quelques mots prononcés au micro m'arrachent à mes pensées :

– J'appelle maintenant monsieur Patrick Bourdet, PDG d'Areva Med.

L'espace d'un instant, mes pensées divaguent. Je me souviens de l'enfer de la cabane, les douze kilomètres aller-retour que nous parcourions chaque jour pour aller à l'école. Et puis ces tâches ingrates à effectuer tous les matins dans les ateliers de l'arsenal de Cherbourg quand j'étais nettoyeur, il n'y a pas si longtemps.

Ce livre n'est pas une autobiographie, pas davantage des Mémoires. Je ne suis pas célèbre et suis encore trop jeune pour envisager de clore ma vie en l'écrivant. C'est simplement un témoignage, une contribution, le récit d'un parcours improbable que le passage du temps m'a donné envie de partager.

Ma seule véritable richesse est mon histoire. Elle a commencé dans des conditions tragiques, s'est poursuivie dans la barbarie, et puis, lentement, progressivement, les choses se sont améliorées. J'ai connu l'abandon, l'angoisse de l'indigence, la brutalité de parents alcooliques et malades, la désespérance sociale. La misère a nourri mon enfance et mon adolescence. Elle a aussi fait de moi un homme.

J'ai pris conscience que ma trajectoire était peu commune en 1992, lors d'un voyage en Australie. À l'époque, j'avais vingt-cinq ans, j'étais ouvrier spécialisé sur un grand site industriel du Nord-Cotentin. J'avais cassé ma tirelire de col bleu pour m'offrir le voyage de mes rêves aux antipodes. Parti sac au dos dans l'*outback* australien, j'ai croisé de nombreux jeunes de mon âge. La plupart venaient d'achever leurs études supérieures. Leurs parents leur offraient ce périple en guise de récompense. Moi qui venais d'un autre monde, je me suis trouvé mêlé à eux, et j'ai alors éprouvé le désir de raconter mon histoire, pour que d'autres comme moi puissent rêver malgré la misère. Ce désir s'est renforcé au fil du temps et de mon ascension sociale.

Je suis perplexe face à cette société qui ne cesse de nous accabler, de nous marteler – au point de nous en persuader – que si l'on n'a pas la bonne origine, la bonne éducation, le bon diplôme, on ne pourra jamais s'accomplir ni trouver sa place. Ce message sans cesse assené nous conduit à penser que notre propre destinée nous échappe, que nous n'avons aucune prise sur elle. Mais la vérité n'est pas là. Je suis convaincu que chacun détient un pouvoir d'influence gigantesque sur sa trajectoire. Rien n'est jamais joué d'avance.

En passant d'ouvrier spécialisé à cadre supérieur, de balayeur à PDG, j'ai souvent eu l'impression que, aux yeux de quelques-uns, je devenais d'une certaine façon la preuve vivante que l'on trouve de l'intelligence *aussi* chez les plus démunis ou les ouvriers, que même les « petites gens » peuvent parfois s'en sortir – comme si cela n'allait pas de soi. Mon parcours tendrait à montrer que, contrairement à ce que pensent certains personnages d'arrière-garde, la « lumière » ne vient pas exclusivement « d'en haut », comme me l'a dit un jour un dirigeant avec lequel je travaillais.

C'est étonnant à quel point la vie devient fragile et éphémère quand on n'espère plus la mort. Adolescent, mon existence me paraissait parfois interminable. Maintenant, elle défile beaucoup trop vite. Les heures semblent raccourcir.

La misère et l'angoisse sont des voleuses : elles confisquent à la vie sa saveur. Mais la vie est aussi joueuse et pleine de surprises. Grâce à nous, il lui arrive de dessiner des méandres parfaitement improbables. Pour peu que l'on ose, ne serait-ce que de temps en temps, elle nous montre son plus beau sourire. Alors, tout devient possible. Elle a timidement commencé à me sourire lorsque je me suis libéré d'un monde originel auquel je n'appartenais pas. Mes craintes se sont alors progressivement endormies et mon regard sur l'existence s'est transformé.

Je passe pour un idéaliste, mais le fait est que certains de mes rêves se réalisent. Des collègues jadis m'ont même traité d'illuminé. Quel beau compliment, en vérité ! J'ai conscience de devoir beaucoup à ma sœur, Line, et à mon frère, Boule, ainsi qu'à mes sauveurs, mais je dois aussi à mon audace. Peut-être est-ce parce que j'ai grandi avec la peur ? Il m'a fallu du temps pour m'en débarrasser. À présent, je me sens bien plus libre. Et, quand on est suffisamment libre, on peut rêver et voir plus grand.

Vrasville, Normandie, 25 août 1971

Niché entre deux vallons verdoyants du val de Saire, Vrasville est un minuscule village à une trentaine de kilomètres à l'est de Cherbourg, au bord de la mer, laquelle n'est jamais très loin dans la région.

Il est 7 heures du matin. Tel que je l'imagine, André, mon père, se rend chez son frère Émile, qui habite une fermette au bout du village. À peine entré dans la maison, il s'approche du petit poêle à bois qui se dresse orgueilleusement à la place de l'ancienne cheminée, verse de l'eau dans une petite casserole et la pose sur le feu pour se préparer un café. S'asseyant sur le banc qui fait face à la fenêtre, il écarte de sa large main gauche quelques exemplaires de *La Presse de la Manche* qui traînent sur la table, ainsi que la boîte de gâteaux secs rouillée depuis longtemps reconvertie en sucrier. Son geste met à découvert la scène de chasse à courre qui orne la vieille toile cirée.

De sa main droite, il saisit délicatement deux feuilles blanches pliées dans la poche intérieure de sa veste et les ouvre précautionneusement devant lui. D'un geste lent, il extrait de la même poche un stylo Bic noir qu'il dépose sur le papier. Il se lève, se sert un café et retourne calmement s'attabler. Par la fenêtre, il aperçoit la petite cour intérieure de la ferme.

Je le vois s'atteler avec application à la rédaction de sa lettre, un bref message à l'attention de ses frères et sœurs. Le stylo court sur le papier, comme si ce grand gaillard de trente-neuf ans au visage poupin avait déjà écrit cent fois ces mots dans son esprit, sa main se contentant de les retranscrire machinalement. Lorsqu'il a terminé, il entame une rapide relecture qu'il sait inutile, puis, pour la énième fois, lisse la feuille sur la table pour en effacer les traces de pliure.

Après avoir repris une gorgée de café, qu'il déguste avec un profond plaisir, il se saisit de l'autre feuille vierge. À son tour, il l'aplatit soigneusement, puis commence à écrire une seconde lettre, à l'attention de ses collègues policiers cette fois. Le rythme du stylo est toujours aussi précis, l'écriture régulière, certaine. Il sait parfaitement, au mot près, ce qu'il veut dire.

Sa relecture achevée, le grand homme se lève paisiblement, penchant légèrement la tête pour éviter de toucher le ruban tue-mouches maculé d'insectes morts qui pendouille de l'abat-jour en porcelaine au-dessus de la table. Il fait volte-face et avance de quelques pas en direction de l'ancienne cheminée. Tendant le bras droit, il se saisit sans mal du fusil de chasse d'Émile, un calibre 12 juxtaposé suspendu à deux crochets au-dessus de l'étagère transversale.

Il retourne s'asseoir, puis sort une cartouche de la poche droite de sa veste. Il ouvre le fusil, place la chevrotine, qui s'ajuste avec un bruit sourd dans le canon. Repliant le redoutable engin d'un coup sec, il le pose délicatement entre ses jambes, la crosse au sol. Lorsqu'il appuie son menton fraîchement rasé sur les cylindres métalliques, son regard se dirige à nouveau vers la petite fenêtre qui lui fait face.

Je l'imagine levant une dernière fois les yeux au ciel.

Je venais d'avoir quatre ans.

* *
*

Le contenu de ces deux lettres reste pour moi un mystère. Pourtant, je sais bien qu'elles existent toujours, probablement rangées avec soin, à l'abri d'une pochette cartonnée, au fond d'un placard dans une maison bas-normande. J'ai appris bien plus tard que, à ses collègues policiers, mon père demandait que mon frère aîné, ma sœur cadette et moi-même soyons retirés de la garde de notre mère, Nelly, et « placés » à l'Orphelinat mutualiste de la Police nationale, près de Bourges, dans le Cher. Il était évident qu'il ne supportait pas l'idée que nous puissions rester sous la responsabilité de cette jeune femme de vingt et un ans déjà dépendante de l'alcool.

Ma mère était donc désormais veuve, et, comme je le sus par la suite, enceinte d'un quatrième enfant. Après ce 25 août, la haine que lui voua sa belle-famille fut telle qu'elle dut s'exiler en Côte-d'Or, puis dans le sud-ouest du pays, sur les bords du joli bassin d'Arcachon. Mais rien n'y fit : l'alcool la suivit jusque là-bas, et la haine de sa belle-famille aussi.

Je n'ai qu'un seul souvenir de mon père : celui d'un court instant en sa présence tandis qu'il se rasait dans notre petit appartement de la ZUP de Cherbourg-Octeville. Je ne possède en tout et pour tout que deux photos de lui. C'est l'une de ses sœurs, Yvonne, qui les a transmises à mon frère. Je devais avoir trente ans quand j'ai enfin découvert le visage de mon père, sur l'un de ces deux clichés où lui-même est âgé de vingt-cinq ans peut-être. Je me souviens de ma surprise à cette première vision : je lui trouvai si peu de ressemblance avec moi, et tant avec mon frère ! Je me demandai alors : cet homme est-il vraiment mon père ? Sur la seconde photo, il pêche en mer avec une longue gaule en bambou, comme celles que j'ai vues chez la tante Yvonne, entreposées dans un vieux chai. Peut-être s'agissait-il des siennes ? Sur cette photo, la ressemblance avec mon frère est encore plus troublante.

* *
*

À l'âge adulte, lors d'une séance de psychothérapie, je découvris que le premier souvenir que j'ai de ma mère correspond au moment où j'ai entendu ces hurlements horribles, ces râles d'animal blessé à mort qu'elle a poussés en trouvant, en même temps que moi, le corps sans vie de ma petite sœur Angélique, emportée par la mort subite du nourrisson. Angélique venait d'avoir deux mois, j'étais dans ma cinquième année. Sa disparition fut le premier traumatisme conscient de mon existence.

Mon père savait-il, au moment de son suicide, que ma mère était enceinte de ce petit ange depuis quatre ou cinq semaines ? Je ne peux qu'émettre des hypothèses. Les secrets gardés par ma mère ont toujours été nombreux.

Elle avait vu le jour en 1949 à Cherbourg. À l'époque, ce n'était pas forcément une bonne idée de naître dans le Nord-Cotentin, sur lequel s'étaient abattus pendant la guerre des obus de toutes origines. Autre mauvaise idée pour démarrer dans la vie : sa famille était extrêmement pauvre. Elle nous racontait que, enfant, lorsqu'elle marchait sur la grève pour se rendre à l'école, elle se nourrissait des berniques arrachées aux rochers. Comme ceux de mon père, ses parents ont disparu trop tôt pour que j'aie pu les connaître.

Je n'ai aussi que deux photos de ma mère. J'ai découvert la première à l'âge de trente-six ans, en 2003. Sur cette photo – la seule que je possède de ma petite enfance et la seule où l'on me voit en présence de mes deux parents –, elle se tient debout à la gauche de mon père, lequel me porte sur son bras et donne la main à mon frère. Nous nous trouvons à Bretteville-en-Saire, devant une 4L blanche. Le cliché, noir et blanc, date de 1968. Je viens juste d'avoir un an. Même quand je l'observe sur cette photo ou repense à elle, j'ai du mal à décrire ma mère. Ses traits n'étaient pas particulièrement fins, mais à l'époque c'était une femme plutôt élégante.

Sur la deuxième photographie, un Polaroid couleur de 1978, ma mère est âgée de vingt-neuf ans. Elle est cernée, a beaucoup grossi et apparaît boudinée dans une robe en nylon à manches courtes imprimée de fleurs bleues. À sa gauche, mon frère Pascal, presque aussi grand qu'elle, a la main posée sur son épaule. Quant à moi, je tiens dans mes bras un ballon de foot et souris.

C'est à ma sœur que je dois ce Polaroid. Cette précieuse photo et une dizaine d'autres, toutes prises au cours d'un même été dans le Cotentin, sont les seuls éléments qui me permettent de donner corps aux vingt premières années de ma vie.

Tout comme le reste de sa famille, ma mère n'évoquait jamais le passé avec moi. Je n'ai donc pas pu me raccrocher à des mots pour compenser l'absence de photos, d'objets ou de souvenirs qui m'auraient fait prendre conscience que j'avais des racines. Je venais forcément de quelque part, mais je ne savais pas d'où.

Osmoy, Cher, un jour de septembre 1971

Conformément aux dernières volontés de mon père, mon oncle Léon, son frère, nous accompagne tous les trois à l'orphelinat de la police nationale. Après un périple de plusieurs heures, la 4L blanche qui a quitté Cherbourg au petit matin nous dépose devant l'imposant bâtiment central qui constituera notre nouveau lieu de vie. Construit en 1925 sous l'impulsion d'admirables policiers bénévoles, l'établissement accueille une centaine d'enfants qui ont perdu un de leurs parents en service ou bien souvent aussi, malheureusement, à la suite d'un suicide.

Je n'ai pas de souvenirs précis de notre arrivée à Osmoy. C'est mon frère qui me l'a racontée bien des années plus tard. En fait, mes souvenirs de cette période sont rares. L'un des premiers remonte à ce jour où un maître nageur m'a jeté à l'eau alors que je ne savais pas encore nager. Je le revois tenir volontairement la perche hors de ma portée pendant un temps qui m'a paru interminable. Nager seul, au sens propre comme au figuré, fait partie des choses que j'ai apprises à l'orphelinat. J'allais en avoir grand besoin.

Assez curieusement, mes principaux souvenirs de ces cinq années d'orphelinat dans le Cher sont essentiellement liés aux étés en Normandie. Chaque année, des membres de la famille de mon père nous invitaient à passer la belle saison dans le Cotentin. Mon oncle Louis – un de ses frères – accueillait ma sœur à La Glacerie. Ma tante Yvonne – l'une des sœurs de mon père – prenait mon frère avec elle à Vrasville, à deux pas de chez l'oncle Émile. Quant à moi, je suivais l'oncle Léon dans les gendarmeries bas-normandes, à Montebourg ou encore Beaumont-Hague, selon son affectation du moment.

En 2005, lorsque je fis poser la sépulture de mon père, Léon m'apprit que c'était lui qui avait découvert son corps. C'était à lui aussi qu'avait incombé l'abominable corvée de nettoyer la pièce dans laquelle son frère avait décidé de mettre un terme à ses jours.

* *
*

C'est à Vrasville que se trouvent mes rares véritables souvenirs d'enfance. Ils se matérialisent grâce à cinq photos que m'a données Léon lorsque j'avais près de trente ans. En les découvrant, j'ai pu me convaincre que j'avais connu quelques moments d'enfance normale, à jouer avec mes cousins et cousines pendant les grandes vacances.

Le week-end, quand nous étions chez tante Yvonne, notre première activité de la journée avec les cousins était d'aller dire bonjour à l'oncle Émile. Il existait avec lui un accord qui n'avait absolument rien de secret. Si nous venions le saluer tôt le matin, il ouvrait la boîte métallique dans laquelle il stockait sa monnaie et nous donnait quelques francs. Aussitôt, nous courions jusqu'à l'épicerie du village, Chez Toinette, pour acheter des Malabar au détail, comme il était encore possible de le faire à cette époque. Certains d'entre nous préféraient les Mistral Gagnant ou les rouleaux de réglisse. Quant à moi, je consacrais l'essentiel de ces généreux dons aux Carambar à un centime ou, mieux encore, aux fameux rochers Suchard au chocolat noir, pour lesquels je n'ai jamais cessé de fondre depuis. Je m'amuse aujourd'hui de la dimension pavlovienne de nos comportements. Je ne connaissais pas Pavlov à l'époque, l'oncle

Émile non plus, mais il prenait plaisir à nous voir arriver ainsi le matin.

À Vrasville, je connus aussi l'aventure. Le soir, chaussés de nos bottes et le cœur rempli d'espoir, nous allions poser nos lignes à anguilles, que nous relevions le lendemain matin. En vrais petits braconniers, nous rapportions parfois quelques spécimens que tata Yvonne se faisait une joie de préparer, tout en sachant qu'aucun d'entre nous n'en mangerait une seule bouchée à cause des innombrables arêtes qui criblent la chair de ces poissons serpents.

Chaque dimanche, la famille se retrouvait chez Yvonne pour déjeuner. Le matin, celle-ci confectionnait son riz au lait, un chef-d'œuvre qu'elle était sans doute la seule au monde à réussir aussi bien. Pour cela, elle utilisait le lait de ses vaches et son vieux four, laissant cuire sa préparation jusqu'à atteindre une caramélisation parfaite. Un vrai régal. À ce mets exceptionnel s'ajoutaient un bon poulet fermier et d'incroyables confitures de rhubarbe aux pruneaux qu'Yvonne excellait à produire à partir des récoltes de son jardinet.

Le chemin qui menait chez elle s'appelait « La Folie ». C'était une petite route mal goudronnée qui longeait le mur du cimetière jusqu'à sa maison. Tout était vieux chez tante Yvonne, et elle-même me paraissait très âgée. À l'époque, je ne traduisais pas cela en termes chiffrés, mais je pense qu'elle avait au moins cinquante ans. C'était beaucoup pour quelqu'un qui, né dans le premier tiers du XXe siècle, avait passé sa vie à travailler seule à la ferme, à élever ses génisses et à « soigner ses bêtes », comme elle le disait si bien.

Elle était impressionnante, tata Yvonne. Prête à tout nous donner. Elle n'a jamais été mariée et, avec le recul, je me demande si elle a un jour connu l'amour. C'était une femme humble, d'une extrême gentillesse avec tous. Elle portait des robes en Nylon aussi vieilles qu'elle, à fleurs grises ou bleu pâle, dont la coupe était aussi ancestrale que celle de ses cheveux, car elle n'avait visiblement pas assez d'argent pour s'offrir le coiffeur. L'argent manquait également pour lui permettre de se doter d'une dentition convenable, ordonnée et complète – j'étais d'ailleurs dans le même cas… Ses chiens, des fox-terriers, avaient totalement envahi sa modeste demeure et annexé son canapé défoncé. Ils dormaient tous dans un lit placé juste à côté du sien, et leur odeur dans la maison était parfois si forte qu'elle en devenait insupportable.

Ces souvenirs de Vrasville m'ont longtemps paru magnifiques, et rien d'autre. Ce n'est que plus tard que je découvris qu'ils avaient un arrière-goût morbide. Sans le savoir, chaque fois que je me rendais à la ferme de l'oncle Émile, je m'accoudais sur la vieille toile cirée où mon père avait exhalé son dernier souffle. Vrasville était aussi le village où il avait été inhumé sans ma présence. J'en veux toujours un peu à ceux qui ont décidé de m'écarter de ce moment crucial, même s'ils croyaient sûrement bien faire.

Ces secrets de famille et les mensonges qui les ont accompagnés m'ont longtemps maintenu dans l'ignorance. Pendant des années, jusqu'au collège, me fiant aveuglément à ce que ma mère m'avait raconté, j'ai cru que mon père avait succombé à un ulcère à l'estomac. Mais la vérité finit toujours par advenir. Elle apparut par hasard, quand un médecin scolaire m'interrogea un jour :

– Que fait ton père ?

– Il est mort, monsieur. Il était policier, il est mort d'un ulcère.

– Comme c'est étonnant ! D'habitude, ce sont les voleurs qui tuent les policiers.

Cette remarque stupide me blessa profondément. Quand j'en fis part à ma mère, elle entra dans une colère terrible et adressa un courrier d'invectives au responsable. Bien fait ! Il le méritait. Il faut prendre soin des enfants. Néanmoins, c'est grâce à ce médecin maladroit que je pus enfin commencer le deuil de mon père, car c'est à cette occasion que mon frère m'apprit la vérité sur sa mort. Il me fallut des années pour accepter cette réalité, et un temps équivalent pour accepter l'idée qu'on m'avait menti depuis toujours.

* *
*

Mon frère, ma sœur et moi avons eu des expériences différentes de l'orphelinat, et nous en avons d'ailleurs très peu parlé ensemble. Les filles étaient séparées des garçons et les enfants étaient répartis par tranche d'âge. Mon frère étant plus âgé que moi, les occasions de nous croiser étaient plutôt rares et nous n'avons pratiquement pas de souvenirs communs.

Je me rappelle cependant un Noël où nous regardions nos copains s'en aller dans leurs familles tandis que nous, nous restions à l'orphelinat. Personne n'était venu nous chercher, pas même ma mère. Plus tard, la lecture de mon dossier m'apprit qu'elle ne nous avait rendu visite qu'exceptionnellement pendant ces cinq années. En tout et pour tout, elle s'est présentée trois ou quatre fois, et aucune de ces sporadiques rencontres maternelles ne m'est restée en mémoire.

Dans mon souvenir d'enfant, le dortoir de l'orphelinat est immense. Deux rangées d'une vingtaine de lits placés de part et d'autre d'une paroi d'étroites armoires en bois occupaient toute sa longueur. La nuit, quand je devais me rendre aux toilettes, la distance à parcourir et les ombres nocturnes rendaient l'expédition interminable et terrifiante.

Je trouvais les monitrices aimantes, attentives et généreuses. J'avais la chance d'être sous la responsabilité de la merveilleuse et maternelle Catherine et d'Odile, une baba cool aux cheveux longs, plus sèche mais tout aussi précieuse. Catherine était très belle et j'étais bien entendu secrètement tombé amoureux d'elle. J'avais environ huit ans, elle peut-être vingt-cinq. Cet amour platonique devait combler, au moins en partie, l'absence de ma mère. Un jour où j'étais cloué au lit par une « grippette » ou quelque chose de semblable, elle m'offrit un livre intitulé *Du cran, Milot !* ; ce présent me surprit autant qu'il me réconforta.

Un autre jour, on me fit entrer dans le sous-sol du grand bâtiment central. Là, je pus choisir une paire de Clarks parmi une multitude alignées les unes à côté des autres. Je n'étais jamais entré dans un magasin de chaussures auparavant. L'endroit m'impressionna profondément et je fus ébloui par la beauté de ma paire flambant neuve.

À Osmoy, la vie était très ritualisée. Notre première mission, à peine levés, était de faire notre lit au carré. Dans la foulée, nous nous alignions face aux rangées de lavabos blancs pour une toilette collective un peu bruyante. Venait ensuite le petit déjeuner dans le vaste réfectoire. À notre entrée, nous trouvions les tables couvertes de bols jaunes en Pyrex retournés. Ils portaient sur leur fond un chiffre gravé que nous convertissions en âge, ce qui donnait lieu aux petites compétitions bien connues de tous les enfants. La séance de brossage de dents concluait l'immuable protocole. Puis nous nous rendions à l'école sise dans l'enceinte de l'orphelinat, de l'autre côté de l'allée centrale.

J'aimais beaucoup les goûters dans le hall du bâtiment principal, l'odeur du pain d'épices et des barres de chocolat. Les tranches de pain étaient placées dans de grands paniers en osier d'où les surveillantes les extrayaient pour les distribuer à la volée, un peu comme si elles nourrissaient une nuée de moineaux frénétiques. Aujourd'hui encore, j'en garde un souvenir tout simplement délicieux.

Et puis il y avait les activités de plein air. C'est à cette époque que je me suis découvert une passion pour le football, qui ne m'a jamais quitté. Non loin de l'orphelinat se trouvait un merveilleux bois, le Polygone. C'est là que nous menions nos aventures de gamins, encore inconscients de nos vies mal engagées.

Je ne mesurais pas à quel point j'étais bien traité dans cette institution. Nous nous y sentions en sécurité. Pendant les cinq années passées là-bas, je crois n'avoir jamais eu totalement conscience de n'avoir pas de père ni de mère. Malheureusement, notre avenir allait rapidement s'assombrir.

*   *
*

Après la mort de mon père en 1971, la vie avait continué de malmener ma mère. Outre cette terrible perte et celle de la petite Angélique, elle lui avait infligé une dépendance accrue à l'alcool et de nombreuses dettes – un cocktail dévastateur qui l'entraînait dans une rapide descente aux enfers.

J'avais trente-cinq ans lorsque ma mère est morte, en 2002. Quelques semaines après son décès, frappé par l'indescriptible sentiment de n'avoir plus d'ancêtres vivants, j'ai cherché à recoller les morceaux de mon passé émietté et demandé à l'orphelinat de me faire parvenir mon dossier. Il est arrivé par la poste dans une grande enveloppe jaune. Quarante-huit pages parmi lesquelles j'ai trouvé des copies de lettres manuscrites que ma mère avait adressées à l'orphelinat, des réponses tapées à la machine et copiées au papier carbone, des courriers judiciaires… Avec le temps, l'encre de certains feuillets avait déteint sur d'autres, ce qui, ajouté à mes yeux embués, rendait ma lecture laborieuse. Ces documents, lus et relus frénétiquement en l'espace de quelques heures, m'en ont appris davantage sur mon histoire et sur moi-même que quoi que ce soit ou quiconque auparavant. Certains mots, certaines phrases m'ont bouleversé. Chaque séquence engendrait une réaction nouvelle. Au fil de la lecture, je me suis senti comme un navire en perdition, tanguant au gré des émotions.

Le premier des courriers de la pile est signé du directeur de l'orphelinat et adressé à ma mère à Joigny, dans l'Yonne. Âgée de vingt-deux ans en septembre 1971, lors de notre placement, ma mère s'était d'abord installée à Bourges, tout près d'Osmoy. Mais à peine six mois plus tard, ayant apparemment contracté quelques dettes, elle s'était éloignée. Cherchait-elle vraiment initialement à se rapprocher de nous ? Qu'était-elle ensuite allée faire à Joigny ? À ces questions restées sans réponse, la suite du dossier en ajoute quelques autres.

Je découvre ainsi dans la liasse une « ordonnance aux fins de placement provisoire » émanant du tribunal pour enfants d'Auxerre et datée du 7 décembre 1972. À l'en croire, la vie de débauche de ma mère s'est encore aggravée. Un an après notre arrivée à l'orphelinat, une juge lui retire la garde de ses enfants : « Les mineurs, écrit-elle, seraient en danger physique et moral s'ils étaient repris par leur mère, en raison des conditions de vie de cette dernière. » Quelques mois plus tard, selon les documents, notre oncle Léon devient notre tuteur légal. Dans le même temps, ma mère perd son droit de garde, puis de visite sans autorisation préalable de la DDASS.

Les lettres se suivent et se ressemblent : « vie déplorable », « soûleries »... Elles décrivent de manière clinique la voie express qu'empruntait ma mère vers la dépravation : « Le comportement de Madame se dégrade sans cesse et, si j'en crois notre délégué de Joigny, sa vie est de plus en plus perturbée. Il n'est plus question d'amants, mais de plusieurs amis de rencontre, et la journée se termine en beuverie. »

Dans un courrier daté du 23 avril 1976 – cinq ans après notre entrée à l'orphelinat –, j'apprends que ma mère s'est encore éloignée de nous. Elle vit désormais à La Teste-de-Buch, en Gironde. Quelques semaines plus tard, une demande est adressée au juge des enfants du tribunal de Bordeaux pour nous autoriser à passer l'été avec elle dans le Sud-Ouest. La réponse est positive. Le directeur de l'internat ne s'oppose apparemment pas à cette décision, mais, se méfiant toujours de ma mère, il souhaite que nous réintégrions l'orphelinat à la rentrée de septembre.

Le 16 juin 1976, ma mère nous récupéra donc à Osmoy. Nous n'y revînmes jamais. Ma sœur avait huit ans, mon frère bientôt onze, et moi tout juste neuf.

Je garde un souvenir très précis du voyage en train, qui fut sans doute ma première expérience ferroviaire : la montée à Bourges, la gare la plus proche d'Osmoy, le passage en gare de Vierzon, le changement à Saint-Pierre-des-Corps pour prendre une ligne plus rapide jusqu'à la gare Saint-Jean, à Bordeaux, enfin le dernier changement avant d'atteindre La Teste. J'étais émerveillé par la vue des champs de colza qui défilaient uniformément sous mes yeux, comme un tracé de Stabilo. Peut-être la beauté de ces immenses étendues jaunes atténuait-elle la forte appréhension qui m'habitait certainement. J'étais émerveillé aussi parce que je me sentais libre. Je m'apprêtais à débuter enfin une vie d'enfant normal, dans une maison normale, avec des gens normaux.

Pendant nos années d'orphelinat, ma mère, en exil dans le Sud-Ouest, avait rencontré Henri. C'était un homme assez grand, brun, simple, sans doute bon. Il était peintre en bâtiment à la mairie de La Teste, près d'Arcachon.

Henri tenait de sa mère une modeste maisonnette sans jardin, encastrée dans une impasse rue du Président-Carnot, au centre de la commune. Elle me parut minuscule comparée à l'orphelinat, dont le gigantisme n'était pas sans évoquer le cuirassé *Potemkine*. Très vite, le modeste salaire d'Henri ne suffit plus à nourrir nos trois bouches supplémentaires, encore moins à étancher la soif maladive de ma mère. Quelques mois à peine après notre arrivée, du jour au lendemain, il nous fallut quitter la petite maison pour emménager tous ensemble chez un ami d'Henri, Christian.

Christian ne travaillait pas. Il vivait au milieu des bois, dans une cabane de résinier comme on en trouve encore parfois dans la forêt landaise. Il avait passé un accord avec le propriétaire des lieux : en contrepartie de l'« entretien » de la cabane, il ne payait pas de loyer. Ainsi, grâce à lui, nous disposions d'un logement gratuit.

Christian était un homme anormalement petit, à la peau très mate, extrêmement musclé et tonique. Il arborait fièrement sur son bras un tatouage représentant une espèce de long poignard. Je crois me souvenir qu'il avait appartenu à la Légion étrangère. Selon ce qu'il nous avait expliqué, la calvitie dont il souffrait était due à la farine qu'il avait manipulée pendant des années en tant que boulanger. Perdre ses cheveux lui était visiblement pénible, car il laissait pousser trop longuement les quelques-uns qui lui restaient et s'efforçait tant bien que mal de les étaler sur son crâne nu, avant de le couvrir de la casquette à petits carreaux gris dont il ne se séparait jamais. Malheur d'ailleurs à celui qui touchait son couvre-chef : les rares inconscients qui s'y sont risqués devant moi ont essuyé de violents uppercuts. Il était aussi alcoolique, mais parvenait à conserver une certaine maîtrise pendant la journée, ce qui lui permettait d'effectuer quelques menus travaux dans les bois, où il avait vécu pratiquement toute sa vie. Celle-ci n'avait certainement pas toujours été joyeuse.

La cabane était située au lieu-dit « Les Conseils », à trois kilomètres de la lisière du bois et à mille cinq cents mètres du premier voisin, qui habitait ce qu'on appelait la « cabane de Pierre ». Nous avons bien vite appris aussi qu'elle se trouvait à six kilomètres de l'école. Nous devions nous y rendre à pied, car la piste sablonneuse qui y menait n'était pas carrossable – ce qui importait peu, d'ailleurs, puisque nous n'avions pas de voiture. Seuls les tronçons correspondant aux vestiges d'une piste cyclable construite, paraît-il, par les Allemands pendant la Seconde Guerre mondiale auraient permis de pédaler par endroits, mais encore aurait-il fallu pour cela disposer de bicyclettes, ce qui n'était pas non plus notre cas.

* *
*

Je n'oublierai jamais notre arrivée à la cabane. Nous l'avons vue apparaître après avoir parcouru à pied l'interminable piste, chargés de sacs en plastique et d'une valise en tissu chiné bleu et blanc que maintenait fermée un vieux ceinturon.

La visite des lieux commença aussitôt. Ma mère m'expliqua que quelques aménagements suffiraient à transformer le vieux pigeonnier en une chambre pour les garçons. Le sol de cette petite pièce carrée, sale et rugueux, était recouvert d'une chape en béton cassée. Tout comme le rebord de la lucarne, il était maculé de fientes qui dégageaient une odeur nauséabonde. Les lattes de bois qui constituaient les murs étaient tapissées de posters de femmes nues. Hormis quelques journaux chiffonnés, la pièce était vide. La porte, faite de quelques planches mal ajustées, fermait grâce à un loquet métallique ancestral et rouillé.

Sur le coup, je ne fus pas choqué le moins du monde. On ne mesure pas la capacité qu'ont les enfants à ignorer les contingences matérielles. Pour eux, seul l'amour compte. À dix ans, je ne réalisais pas à quel point le lieu dans lequel j'allais désormais vivre était misérable. Je venais de quitter l'orphelinat, je me sentais libre. Je croyais que j'allais pouvoir enfin mener une vie normale. Cela valait bien quelques ajustements.

Le pigeonnier était situé dans l'aile droite de la maison. La cabane se divisait en deux parties auxquelles on accédait par des portes distinctes. La chambre de Christian jouxtait la nôtre. Elle sentait fort, et on nous expliqua immédiatement que son accès était interdit aux enfants. Le lit de Line se trouvait dans la pièce principale, par laquelle nous accédions à nos chambres.

On entrait dans la partie gauche par la salle à manger. Celle-ci, qui occupait toute la largeur de la maison, mesurait environ six mètres sur quatre. Au centre du mur de droite se dressait une cheminée disproportionnée, large et peu profonde. À gauche, une porte permettait d'accéder à une pièce de dix ou douze mètres carrés qui devint la chambre de ma mère et d'Henri. À côté, une pièce de taille identique servait de pièce à tout faire – à la fois débarras, salle de bains et arrière-cuisine.

* *
*

Bien sûr, il n'y avait pas l'électricité à la cabane. Il nous fallut vite apprendre à utiliser des lampes à pétrole, du moins lorsque nous disposions du précieux combustible, ce qui était plutôt rare. Le plus souvent, nous nous éclairions grâce à des bougies collées sur des assiettes avec de la cire ou enfoncées dans des cannettes de bière vides. La cheminée représentait la seule source de chauffage de l'aile gauche de la cabane. Un vieux poêle à bois se chargeait théoriquement de chauffer la pièce où ma sœur, mon frère et moi dormions, mais, s'il générait bien quelques degrés supplémentaires, nous étions obligés de les laisser s'échapper en ouvrant la fenêtre pour évacuer l'épais nuage de fumée qu'il produisait par la même occasion.

Pour l'eau, nous devions descendre au puits. Celui-ci se trouvait au fond d'un vallon, à cent mètres environ de la cabane, au bout d'un étroit sentier pentu et sablonneux qui ondulait au milieu des genêts. Pour remonter le breuvage au goût de sable, nous laissions glisser, en tentant de réguler sa vitesse par la pression des doigts, la chaîne en acier au bout de laquelle était accrochée une espèce de vieille passoire métallique qui nous servait de seau, donnions ensuite un petit coup de poignet pour le faire plonger dans l'eau, puis le remontions à la surface en tirant de toutes nos forces. Il fallait ensuite en transvaser le contenu dans un autre seau, en plastique, et gravir la pente vers la cabane.

Je me souviens encore des retours à la cabane avec la bordure du seau qui me sciait le genou. Plus tard, j'appris à équilibrer la charge en remontant deux seaux à la fois, ce qui permettait aussi de réduire le nombre de descentes jusqu'au puits. La corvée d'eau fut souvent un motif de querelle entre ma sœur, mon frère et moi. Elle était particulièrement pénible l'hiver, quand il pleuvait, ou par grand froid, quand la chaîne et l'eau étaient gelées. Mais elle était tout aussi insupportable l'été, car, immanquablement, avec l'eau qui débordait du seau, nos pieds nus se retrouvaient couverts de cette fine poussière grisâtre et collante que je détestais tant.

Pendant les repas, nous posions les seaux près de la table et y plongions directement nos verres. Il suffisait d'être un peu vigilant pour ne pas avaler les insectes ou les brindilles qui flottaient à la surface. Même si son parfum terreux était un peu fort, l'eau du puits avait bon goût. De toute façon, c'était la seule à laquelle nous avions accès.

Rien ne coulait de source à la cabane.

À la belle saison se profilait une autre corvée : pour préparer l'hiver, il fallait aller « faire du bois ». La famille se jetait alors à l'assaut de la forêt domaniale de La Teste. Nous abattions un ou deux grands arbres que nous rapportions à l'aide d'un tracteur dont le propriétaire était payé en bouteilles de Ricard ou de Pernod.

Évidemment, il n'y avait pas de toilettes dans la cabane. À l'arrière, creusée sous le chai qui faisait parfois office de poulailler et d'abri à bois, il y avait une petite fosse que nous transformâmes en WC. Elle fut vite saturée. Il nous fallut alors commencer à creuser des trous autour de la maison, généralement derrière des pieds de genêt ou d'ajonc. Parfois, lorsque le papier journal manquait, nous utilisions les branches de genêt pliées en deux. Jamais les ajoncs : il y a tout de même des limites ! Au bout de quelques semaines, nous rebouchions le trou et en creusions un autre un peu plus loin.

Le jour où Henri touchait sa paie était systématiquement celui de la mission « courses au Codec ». Le supermarché était situé à cinq ou six kilomètres de chez nous. Au retour, ma mère nous offrait parfois le taxi ; il nous déposait à la lisière de la forêt avec notre cargaison de sacs plastique. Ce n'est que longtemps après notre installation à la cabane que fut construit le centre commercial des Miquelots, distant de seulement trois kilomètres.

Compte tenu de la difficulté que représentait le transport de bouteilles de gaz jusqu'à la cabane, il nous apparut vite évident que la seule option disponible était la cuisine au feu de bois. Notre alimentation de base était principalement constituée de pâtes, de pommes de terre, de pain, que nous ne gaspillions jamais, et de lait. En dehors des périodes d'ouverture de la chasse, et même si nous allions parfois braconner l'écureuil ou d'autres animaux sauvages, la viande était rare. Ma mère justifiait l'absence de jambon avec les haricots blancs en nous expliquant qu'il fondait à la cuisson…

Il nous arrivait d'avoir vraiment peu à manger, et nous partions alors cueillir des asperges sauvages et des pissenlits. Faute de connaître l'existence de Pierre Gagnaire et de son génie de la cuisine – comme de la grande cuisine en général, d'ailleurs –, nous les préparions de façon sommaire. Les pissenlits étaient consommés crus avec un peu de vinaigre d'alcool, les asperges bouillies puis salées. C'était extrêmement amer, mais tellement bio ! À la cabane, nous étions parfois des précurseurs…

La toilette s'effectuait dans la petite pièce multifonctions, où nous passions à tour de rôle. Au début, je faisais chauffer un peu d'eau sur le feu, puis la versais dans l'une de nos bassines en plastique. Mais l'opération était longue et complexe, et j'appris rapidement à utiliser l'eau froide, comme tout le monde. L'été, les choses étaient plus simples. Il nous arrivait de nous laver au savon de Marseille dans une grande lessiveuse en acier galvanisé placée près du puits.

Dans la pièce à tout faire se trouvait aussi notre garde-manger. C'était une petite boîte en bois avec des parois en toile plastique à fines mailles censées protéger nos restes ou nos rares aliments frais des nombreuses mouches qui vivaient avec nous. Malgré notre grande vigilance, nous y retrouvions régulièrement des petits vers blancs.

* *
*

La précarité et l'isolement ne me pesèrent pas les premières années. Je n'avais d'ailleurs pas même conscience de ma situation. Simplement, mon frère, ma sœur et moi, nous marchions. Nous marchions beaucoup. À force de parcourir la piste, j'avais l'impression de ressentir l'énergie de la forêt dans ma chair. Je connaissais par cœur l'emplacement et la forme des ajoncs, des genêts, des pins, des chênes et même des cailloux qui la parsemaient. Plus tard, je commençai à « tracer » avec expertise les faisans, les chevreuils, les sangliers, les renards, les reptiles, et jusqu'aux chiens et aux personnes qui m'avaient précédé sur le chemin.

Finalement, le seul véritable inconvénient de ces longues marches, c'était la poussière grise qui s'infiltrait partout. Je me sentais tout honteux les jours où j'avais natation au collège. Je déployais les plus ingénieux stratagèmes pour dissimuler mes pieds noircis pendant le déshabillage, jusqu'au moment salvateur où je pouvais les rincer à l'abri du regard de mes camarades de classe. Assez tôt, nous avons trouvé un moyen de régler en partie le problème : le matin, nous laissions les vieilles chaussures avec lesquelles nous venions de parcourir la piste dans des sacs plastique dissimulés dans les fourrés à la lisière du bois, et en chaussions de plus propres, que nous avions préalablement cachées au même endroit, pour aller à l'école. À notre retour le soir, nous procédions à l'échange inverse.

Je me souviens du froid dans la cabane. L'hiver, il m'arrivait de remplir d'eau chaude une bouteille en terre cuite que je plaçais au fond de mon lit avant de me coucher. Cette bouillotte improvisée représentait un excellent complément à la lourde canadienne infecte dont je me recouvrais la nuit et qui, malgré l'odeur nauséabonde qui s'en dégageait, avait le mérite de me tenir chaud. Plus tard dans la nuit, je posais ma bouteille refroidie au pied du lit, sur la chape en béton. Un matin glacial, je découvris avec tristesse que le froid l'avait fait éclater. Dans l'ancien pigeonnier, les nuits d'hiver pouvaient être un peu fraîches…

C'est au cours de ce même hiver qu'un jour, au réveil, nous avons découvert le chien Kiki partiellement congelé. Il réussit à sauver sa peau grâce à mon frère, qui eut l'idée de la décongeler près du feu. Chez nous, les bêtes aussi avaient une vie de chien. J'étais moi-même un adepte de la décongélation : au cours de mes marches hivernales après des entraînements de foot, j'entendais parfois cliqueter mes cheveux longs ; je les dégelais à mon arrivée en m'approchant doucement des flammes.

Heureusement, j'avais la nature. J'aimais partir à l'école lors de ces somptueux matins de printemps où une intense lumière déchirait les bois en créant des ombres gigantesques, où les pare-feux se couvraient d'un léger voile brumeux. Au risque de paraître un peu « évaporé », je suis convaincu que les arbres observaient mes passages et veillaient sur moi. Je vénérais particulièrement les chênes, autant que, plus tard, les cèdres du Liban, dont je ne connaissais pas encore l'existence. Un peuple qui plante un si bel arbre sur le drapeau de sa nation n'est-il pas forcément merveilleux ? Si j'en avais le pouvoir, je dessinerais un chêne sur le drapeau français.

Comme aujourd'hui, j'aimais donc viscéralement les arbres, au point de serrer leur tronc dans mes bras comme s'ils avaient été de chair. L'écho de leur vigueur dans mon corps était une source vitale. Au cours de mes trajets quotidiens, j'avais l'impression de sauter d'un arbre à l'autre tout en restant au sol, comme si l'énergie de celui que je venais de dépasser me portait jusqu'au suivant. Au lieu d'apprendre la vie au contact d'autres humains, comme tant d'enfants de mon âge, je me nourrissais de l'énergie des pins, des chênes, des arbousiers, du houx, des fougères – de tout ce que mon corps était capable de ressentir.

Bien plus tard, je compris que, pendant ces années-là, j'avais massivement « compensé » par la nature.

Les choses s'aggravèrent bientôt considérablement, car l'alcool s'invitait souvent à la cabane. Notre vie était rythmée par les beuveries interminables de ses occupants et les violences qui les accompagnaient. Certains soirs, les adultes étaient métamorphosés, habités par la haine et par la seule volonté de se battre et de se faire mal. On voyait alors voler à travers la pièce les verres à moutarde, puis les lampes à pétrole. Peu après les coups de poing pleuvaient, puis on sortait des couteaux, parfois même une hache ou un calibre 12. Je me souviens des hurlements, de la terreur et du sang, mais personne n'entendait nos cris du fond des bois, personne n'était là pour nous aider, personne n'était là pour nous sauver.

Une sorte d'alternance chaotique se mit progressivement en place entre scènes de terreur et scènes d'humiliation. Près du puits,

Christian entretenait un petit potager. Un matin de printemps, il me demanda de l'accompagner pour le désherber. Tandis que je commençais mon travail, il me conseilla de planter comme lui mon index dans la terre sablonneuse pour constater à quel point elle était meuble et fertile. En retirant mon doigt, je sentis une odeur immonde fondre sur moi et j'eus un haut-le-cœur. Avec un rire gras, Christian m'expliqua qu'il avait récupéré nos excréments et s'en était servi pour « engraisser » notre jardin. Sur le coup, je ne pris même pas conscience de l'infamie de la situation. Mais la blessure fut profonde. Jamais le temps n'apaisa ma rancœur.

L'isolement et l'obscurité s'ajoutaient à la violence. Une autre expérience m'a profondément marqué. Je devais avoir onze ou douze ans. Par une sombre nuit d'hiver, je rentrais à la cabane après une escapade dont j'ai oublié les détails. Je marchais sur la piste quand j'entendis des bruits de pas sur des tuiles cassées qui avaient sans doute été parsemées là par des chasseurs pour remblayer les larges ornières. Impossible de distinguer la personne qui venait vers moi. J'avais la certitude de pouvoir aussi être entendu, mais que faire ? Je ne pouvais pas fuir, seulement me résoudre à avancer pour dissimuler ma frayeur. Alors je continuai à marcher. Les bruits de pas étaient tout proches, mais celui qui les produisait restait invisible. Mon cœur me faisait mal tant il cognait fort dans ma poitrine. Ma respiration était haletante. Je sentis de grosses larmes rouler sur mes joues.

Tout à coup, je me trouvai face à un épagneul breton. Le soulagement que je ressentis pendant une seconde céda la place à une terreur plus forte encore : ce chien était forcément accompagné de son maître. Dépassant l'animal, je m'adressai à lui sans m'arrêter :

– Alors, le chien, on se promène ? Tu as perdu ton maître ?

J'accélérai progressivement l'allure, puis me mis à courir à perdre haleine jusqu'à la cabane. L'effroi de cette nuit est ancré dans mes cellules ; il n'en sortira plus. Trente-cinq ans plus tard, j'ai encore des frissons en écrivant cela.

Malgré l'habitude, l'effroi provoque toujours une perte de contrôle singulière. La peur aussi a besoin de temps pour être apaisée. Elle ne s'évacue pas. Elle est changeante, multiforme, sournoise, tenace. De plus, elle est mortifère pour le rêve : elle brise la capacité à penser au meilleur. Qu'importe, me disais-je, un jour je fuirai l'enfer de la cabane. J'irai loin, très loin. J'irai au bout du monde.

Un autre épisode, sanglant celui-là, m'a laissé un douloureux souvenir. Les parents d'un camarade de foot avaient eu l'immense gentillesse de me raccompagner et de faire un bout de chemin avec moi dans la forêt. Tout à coup, nous avons vu arriver vers nous Christian, titubant sur la piste. Il me dit : « Regarde ce qu'elle m'a fait, ta mère ! » Il ouvrit son manteau et je découvris sur son flanc une plaie béante de plus de dix centimètres de long. La chair était très profondément entaillée et du sang s'en écoulait. Je fus visiblement moins traumatisé que mes amis, qui firent demi-tour.

Christian avait encore à parcourir au moins six kilomètres à pied pour aller se faire recoudre à l'hôpital Jean-Hameau de La Teste. Il y parvint. Là-bas, on lui apprit que le poumon n'avait été épargné que d'un cheveu. Quant à moi, après l'avoir croisé, il me fallait poursuivre ma route. J'essayais de me préparer au spectacle qui m'attendait à la cabane. Pourtant, je n'aurais jamais pu imaginer.

Les chiens m'entendirent bien avant que la maison soit en vue. Comme toujours, ils saluèrent trop bruyamment mon arrivée. En entrant dans la salle à manger, je découvris la pièce dévastée. Plus rien n'était à sa place. La table était renversée dans un angle. De grandes flaques d'un liquide indéterminé maculaient le lino. Il y avait des éclats de verre partout. Une forte odeur d'alcool à brûler mêlée à celle du pétrole saturait l'air.

Ma mère était debout au milieu de ce chaos, une allumette dans une main, la boîte dans l'autre. Sa face ensanglantée était déformée par les coups. Son nez était apparemment brisé. Après une discussion houleuse et une négociation qui me parut interminable, je parvins à la convaincre de ne pas craquer son allumette et de me tendre la boîte.

Les traces que laissa ce combat achevèrent de déformer ses traits déjà bouffis par l'alcool et les médicaments, dont elle abusait aussi quotidiennement pour apaiser sa souffrance. Sans que je puisse y faire quoi que ce soit, ces poisons ravageaient inexorablement le corps et les neurones de ma mère, proie désormais facile. Jour après jour, ils rongeaient son foie. Rien n'y faisait, elle était volontaire pour la cirrhose. Cela m'était douloureux de la voir mourir à petit feu et de constater que mes efforts pour l'aider étaient vains.

* *
*

Je n'ai pas oublié nos descentes en « luge forestière ». Ma sœur, mon frère et moi avions inventé cette nouvelle discipline olympique. Du côté du puits, à deux ou trois cents mètres de la cabane, se trouvait une petite pente dont le sol était rendu glissant par les épines de pin. Coiffé d'une espèce de vieux casque de motard qui traînait depuis toujours dans le chai et enroulé dans la lourde canadienne qui me servait de couverture la nuit, l'un d'entre nous prenait place dans un vieux capot de DS retourné et dévalait la pente en slalomant entre les arbres sous le regard hilare des deux autres. Cela resta longtemps notre sport favori, jusqu'au jour où, lors d'une descente de championnat du monde, je faillis me briser le cou lorsque la luge heurta une souche. Après cette grosse frayeur, au sommet de la gloire, je décidai de « raccrocher le capot » et d'abandonner la compétition.

C'est là mon seul souvenir de jeu de cette époque.

Le temps nous apprit progressivement à nous protéger des bagarres qui rythmaient notre quotidien, mais, les premières années, nous nous posions bien souvent en arbitres. Il fallait un immense courage et beaucoup d'amour à l'égard de notre mère pour nous interposer. Je souffrais de ne pas avoir assez de force pour parvenir à séparer les combattants. La violence de leurs altercations était paralysante. C'est affreux à dire, mais je pense que le fait de nous avoir comme public décuplait leur ardeur, car ils s'arrangeaient toujours pour nous enrôler dans leurs pitoyables et sanglantes rixes.

Quelles étaient leurs motivations ? S'agissait-il de satisfaire leur perversité ? En quoi nous rendre otages de leurs combats servait-il leur cause déjà perdue ? Étaient-ils encore capables de penser ? Étaient-ils encore seulement des êtres humains ?

Parfois, le versement simultané de plusieurs pensions ou allocations permettait à ma mère de payer pendant quelques mois le loyer d'un appartement ou d'une petite maison. Cela ne durait jamais longtemps : rapidement, les dettes s'accumulaient et nous devions regagner la forêt. Mais il y a eu des périodes où nous avons pu quitter la cabane pour occuper un logement « décent ». Nous avons ainsi vécu dans la cité HLM Jean-Hameau, dans une autre cité HLM appelée Arcachon-Marine, puis dans une petite maison, rue Henri-Ornon, à La Teste.

Quand nous habitions en ville, Alain Taris, notre éducateur attitré de la DDASS, venait nous rendre visite de temps à autre. Il était doux et bienveillant. Avec sa barbe qui lui mangeait presque tout le visage, il est resté dans mon souvenir sous les traits de l'entraîneur de rugby Daniel Herrero. Il avait aussi l'allure d'un rugbyman, d'ailleurs. Je l'aimais bien, et il avait l'habileté de me laisser imaginer que c'était réciproque. Je le connaissais depuis ma sortie de l'orphelinat et mon arrivée dans le Sud-Ouest. En quelque sorte, c'était mon plus vieil ami.

Ma mère était toujours informée à l'avance de ses sporadiques visites. Elle pouvait donc s'arranger pour le recevoir à jeun, dans une maison rangée et propre, un bouquet de fleurs coupées bien en évidence sur la table. Après quelques échanges courtois, l'éducateur repartait apparemment convaincu de notre bonne réintégration dans la cellule familiale et rassuré sur notre sort. Progressivement, ses visites s'espacèrent, puis il ne vint plus du tout. Il était probablement très occupé ; nous n'étions pas ses seuls « cas ».

C'est notre passage dans la maison de la rue Henri-Ornon qui m'a le plus marqué. C'était une petite bâtisse de style basque, à colombages rouge bordeaux, de quatre-vingts mètres carrés environ. Elle se trouvait dans un secteur calme, près de la voie ferrée Bordeaux-Arcachon. Non seulement elle était très confortable, avec l'eau courante et l'électricité, mais c'était la première fois que j'avais une chambre pour moi seul. Ses murs étaient recouverts d'un papier peint clair et propre. Je pouvais enfin y accrocher le poster de Michel Platini qui me permettait de rêver. Cette maison était aussi à deux pas de la place du Coum, où je pouvais aller jouer au foot. Comparée à la cabane, c'était Versailles.

* *
*

Pendant cette période, ma mère traversa une nouvelle phase effroyable, marquée par une surconsommation d'alcool et des tentatives répétées pour mettre fin à ses jours en absorbant en grandes quantités des produits inventés par l'industrie pharmaceutique pour d'autres usages. Elle passait des journées entières à errer dans la maison vêtue d'un vieux peignoir en Nylon, incapable de parler ou de manger, titubant comme un zombie.

Au cours d'une scène qui m'est restée en mémoire, elle jeta sur moi un réveil mécanique dont l'un des pieds se logea dans ma paume tandis que je tentais de me protéger le visage avec la main gauche. Un autre jour, elle m'enferma de force avec elle dans les toilettes, sortit une lame de rasoir de la poche de son peignoir et se trancha les veines des deux poignets. J'entends encore mes hurlements alors que le sang coulait à flots et que ma mère bloquait la porte.

Peu après notre emménagement, les impayés de loyer nous obligeaient à revenir à la cabane. Là, les combats reprenaient. Un jour, ma mère, poursuivie par Christian, vint s'enfermer dans notre chambre, avec mon frère et moi. Christian commença à s'acharner sur la porte à coups de hache en vociférant :

– Je vais la tuer, cette salope, je vais la tuer !

La porte commençait à céder. Ma mère était assise sur le lit de mon frère. Celui-ci avait saisi et chargé son calibre 12 et, à genoux sur le lit, tenait le canon pointé vers la porte :

– Je vais le buter, ce con !

Je lui hurlais :

– Ne tire pas, Boule, ne tire pas !

Je ne sais même plus comment cette bataille s'est terminée. Mon frère ne tira pas et, le lendemain matin, nous traversions la forêt pour aller à l'école comme si rien ne s'était passé.

Quelle chance que nous n'ayons pas eu d'homicide ! Cela n'aurait sans doute pas surpris grand monde ; la famille était bien connue des services de police et des pompiers, que ce soit pour des affaires d'argent ou à cause de bagarres plus ou moins sanglantes et des hospitalisations qui s'ensuivaient.

Qu'importe ce qu'ils me font, me disais-je, et qu'importe ce que je vis ; je m'en sortirai. Un jour, je partirai loin, très loin. En Australie, peut-être. Un jour, j'aurai une vie normale, dans une famille normale que je fonderai moi-même. Une famille comme celle de mes copains. C'est possible.

* *
*

Au fil du temps, je compris que le seul moyen de me protéger était de prendre de la distance. Je commençai donc à découcher de plus en plus souvent, inventant des histoires pour ne pas rentrer à la cabane. Je dormais à la belle étoile ou dans des endroits dénichés au gré de mes rencontres. Un matin où j'errais dans le quartier de l'Aiguillon, à Arcachon, après avoir dormi à l'intérieur d'un voilier en carène sur le parking du port de plaisance, je pus observer l'arrivée du cirque Pinder-Jean Richard. Des hommes pressés commençaient à monter le grand chapiteau. Ma curiosité me poussa à engager la conversation avec eux, puis je leur donnai un coup de main, ce qui me valut une invitation à dormir dans une des roulottes. Cet hébergement exotique fit ma fierté pendant plusieurs jours. Tout était bon pour éviter la cabane.

Sans doute notre précarité financière était-elle visible. En revanche, les bagarres et le danger auxquels nous étions exposés à la cabane n'étaient pas perceptibles des autres, et pour cause : nous nous appliquions à n'en rien laisser paraître.

Par chance, j'avais autour de moi quelques modèles de familles « normales ». Les Luc en faisaient partie. C'était la famille de Denis, avec qui je jouais au foot à La Teste. Son père, Gérard, passait son temps à raconter des blagues. Sa mère, Marie-Claire, était superbe et toujours gaie. Elle embrassait souvent ses enfants et leur faisait des clafoutis pour le goûter. Ils habitaient une belle maison. Je dormais régulièrement chez eux ; je m'y sentais à l'abri. J'ai passé avec eux des moments d'une douceur tout à fait inhabituelle pour moi.

Il y eut également Vincent, le fils des ostréiculteurs avec qui je travaillais pour gagner quelques sous. Et cette famille portugaise, avec Antonio, Arthur et leurs sœurs si généreuses. Des gens formidables – mes sauveurs eux aussi.

Plus tard, il y eut les Peyrondet, qui habitaient La Hume. Leur fils unique, Patrick, tellement bon avec moi, était un fantastique compagnon de rigolade. Ensemble, nous avons fait nos pires conneries d'ados. C'est chez eux que j'ai passé le plus de temps à cette époque-là. Dès que possible, j'y restais dormir. Se peut-il que tous ces gens, en m'accueillant si souvent, aient mesuré à quel point ils m'aidaient ? Peut-être leur faisais-je pitié ? Soupçonnaient-ils ma misère ?

Un soir, je rentrai à la cabane après avoir découché et séché les cours plusieurs jours de suite. Ma mère avait été informée de ma désertion du lycée par un courrier. En me voyant arriver, elle se mit à me hurler des injures, puis m'administra une gifle magistrale. Cela ne me fit pas vaciller. Je me plantai face à elle, immobile, et la regardai fixement. Elle me gifla de nouveau, plus violemment, mais je restai dans la même position et ne la quittai pas des yeux. Elle continua ainsi, frappant mes joues l'une après l'autre, sans parvenir à déclencher mes larmes. Au bout d'un moment, elle cessa. La fixant toujours, je lui demandai :

– Ça y est, tu as fini ?

Progressivement, mon « seuil d'effroi admissible » s'était élevé. La violence des situations que je vivais avait accru ma capacité à résister à la douleur. Ce que d'autres auraient qualifié d'insupportable s'était banalisé. L'intolérable était devenu normal.

* *
*

En 1980-1981, mon entrée en sport-études football à Soulac-sur-Mer me mit provisoirement à l'abri. Alors que j'étais en quatrième, un entraîneur de mon club de La Teste avait eu la gentillesse de m'amener à Soulac pour passer les épreuves d'admission. Dans les années 1980, l'établissement du boulevard de l'Amélie accueillait encore les jeunes apprentis footballeurs de quatrième et de troisième. Je fus plutôt moyen lors des épreuves, mais, grâce à l'appui de cet entraîneur, je fus autorisé à intégrer l'école, à condition de redoubler ma quatrième. J'acceptai avec d'autant moins d'hésitation que, depuis le primaire, j'avais un an d'avance.

Je quittais La Teste le dimanche soir et y revenais le vendredi. Je faisais les trajets avec les parents de différents camarades de classe, en échange d'une somme que ma mère ne payait jamais. Pendant ma semaine à l'internat, je ne vivais les drames de la famille qu'à travers les récits de Line et de Boule.

Je rêvais de devenir pro. Le foot devint mon ballon d'oxygène. Grâce à lui, je rencontrais des jeunes issus de familles apparemment bien plus structurées et plus stables que la mienne. Ils jouèrent un rôle de modèles et, de manière plus ou moins consciente, contribuèrent aussi à me sauver. Une partie de moi en perdition dut voir en eux des lueurs d'espoir, des étincelles sans lesquelles j'aurais peut-être sombré.

L'année à Soulac passa beaucoup trop vite. Alors qu'elle s'achevait, je fus convoqué par le directeur. Sans sourciller, il m'indiqua que je ne pourrais pas continuer en troisième. Non pas à cause de mes performances sportives, encore moins à cause de mes résultats scolaires, mais parce que ma mère n'avait jamais réglé les frais de scolarité. Mes larmes n'y changèrent rien. En une minute, mon rêve s'écroula et je reçus un billet retour vers la cabane infernale.

* *
*

Je retournai donc dans les bois et entrai en troisième, sans sport, au collège Henri-Dheurle de La Teste. Sans avoir travaillé à la maison de toute l'année, mes résultats furent suffisamment bons pour que j'obtienne le brevet des collèges.

J'en avais assez d'être pauvre. Depuis plus d'un an, le samedi matin, je vendais des espadrilles sur le marché de La Teste. Mais le billet de cinquante francs que j'en retirais, et que je partageais parfois avec ma mère, ne me suffisait plus. En fin de troisième, encouragé par l'exemple de mon frère, qui y travaillait déjà, je fus présenté au patron du garage Lanine, à Arcachon, pour m'essayer au métier de mécanicien. Étonnamment, à l'issue d'un test pratique qui démontra immédiatement ma nullité en mécanique, celui-ci accepta de m'embaucher. Les bonnes performances de mon frère avaient servi ma cause : le sachant courageux, il avait probablement imaginé que ce serait aussi mon cas.

En s'appliquant, on pouvait loger cinq ou six voitures dans le garage. Les restes de ce qui avait été jadis une chape de béton recouvraient à grand-peine le sol. Sur la mezzanine en bois s'entassaient des monceaux de pièces mécaniques et des vieux fûts. Chez Lanine, on travaillait à la dure et le système D était la règle. Régulièrement, à l'aide d'un tuyau, nous devions siphonner le liquide de refroidissement contenu dans des fûts de deux cents litres pour le transférer dans les radiateurs des autos de nos clients. Le goût sucré de ce liquide verdâtre était tout simplement insupportable, *a fortiori* quand j'avais le ventre vide. Je me souviens aussi des outils gelés qui collaient aux doigts le matin, des multiples blessures aux mains dues à la ferraille coupante. J'avais mal, je saignais, il me fallait arracher les peaux écorchées avec mes dents, mais je ne me plaignais pas. À quatorze, quinze ans, j'étais déjà très résistant à la douleur. Et puis, avec 450 francs mensuels, j'étais enfin riche.

Mes journées s'étalaient de 8 heures du matin à 6 ou 7 heures du soir. L'été, elles se prolongeaient souvent tard dans la nuit, quand la population du bassin d'Arcachon enflait avec l'arrivée de hordes d'Allemands et de Hollandais. Pour moi, au cours de cette période d'apprentissage, le véritable challenge n'était pas mécanique ; il était logistique. Si je voulais arriver au garage à 8 heures, je devais quitter la cabane vers 6 heures 45. Après trente minutes de marche sur la piste à un rythme soutenu, je montais sur le pont de la voie rapide qui reliait alors toutes les villes du sud du bassin et, pouce tendu, j'attendais l'aimable conducteur qui voudrait bien m'embarquer pour me faire parcourir les cinq kilomètres me séparant du garage, à l'entrée d'Arcachon. Si, un jour de pluie, je dus faire toute la route à pied, cette mauvaise expérience resta exceptionnelle. J'eus toujours la chance de trouver des personnes généreuses disposées à me transporter. Souvent discrètes, celles-ci sont nombreuses. Ainsi, à plusieurs reprises, je fus accueilli à bord d'une belle Mercedes verte par un monsieur qui accompagnait sa fille au collège ou au lycée à Arcachon. Je regrette d'avoir si peu parlé pendant ces trajets et de ne pas me souvenir précisément de tous ces gens.

Quoi qu'il en soit, la « période Lanine » contribua à renforcer ma détermination. Elle développa aussi chez moi un immense respect envers ceux qui travaillent dur et se lèvent tôt pour aller gagner leur vie. Au bout de quelques mois, fatigué par les journées de labeur, qui s'ajoutaient aux heures de marche et d'auto-stop, je commençai à profiter du confort qu'offraient certaines des voitures de nos clients pour y passer la nuit. Ma préférence allait aux fourgonnettes, dans lesquelles l'absence de banquette arrière ménageait un espace tout à fait appréciable. Parfois, au petit matin, mon patron avait la bonté de m'amener avec lui dans un petit café du quartier du Moulleau pour me payer un chocolat chaud et des croissants.

Je franchis un nouveau palier quand un copain me prêta une tente quatre places que je plantai dans le pré jouxtant le garage, où s'entassaient quelques épaves. À la fin de la journée, sous la toile, je dînais alors d'un paquet de barquettes 3 Chatons et d'une boîte de crème Mont Blanc au caramel. J'avais découvert que cette association d'un bon rapport qualité-prix me tenait assez longtemps au corps.

Dans ma lente et jubilatoire ascension vers l'aisance et le confort, je garde surtout le souvenir de mes luxueuses nuitées sur le port de plaisance d'Arcachon. La technique consistait à attendre la nuit, puis à me faufiler entre les bateaux en carène. Les soirs de chance, je trouvais une cabine ouverte et, le temps d'une nuit, je pouvais jouer les nababs fortunés. Malheureusement, la vigilance des gardiens se renforça et je dus troquer les lits moelleux des yachts contre les bancs publics. Un brusque retour sur terre...

* *
*

Parfois, ma mère décidait de se sevrer de l'alcool. Ces périodes d'abstinence ne duraient jamais longtemps, mais elles nous donnaient un peu d'espoir. La Contrex était tout ce qu'elle acceptait de boire dans ces moments-là. Pour l'encourager, c'est moi qui allais souvent lui acheter ses bouteilles d'eau en ville. Malheureusement, l'addiction reprenait vite ses droits. L'alcool revenait au grand galop, avec ses effluves répugnants et les soirées interminables dans des bistroquets enfumés dont je détestais l'atmosphère glauque et désœuvrée. Et c'était reparti, ma mère collectionnait à nouveau les ardoises.

Dans ces troquets étaient souvent organisées des « soirées loto ». Surexcités, les clients hurlaient pour faire entendre leur « quine », qui leur permettrait de gagner un faisan, ou un jambon de Bayonne s'ils faisaient carton plein. Dans ces ambiances électriques, des bagarres éclataient parfois, préambule aux scènes de violence dont Line, Boule et moi allions profiter en extra dès notre retour tardif à la cabane.

Après l'une de ces soirées trop arrosées, alors que nous avions tenté d'échapper à la rixe en cours en nous réfugiant dans notre chambre, ce fut un coup de fusil qui nous réveilla. L'un de nos chiens faillit en faire les frais. Heureusement pour lui, à ce moment-là il ne se trouvait pas dans le gros fût d'huile rouillé qui constituait sa niche et que nous avons retrouvé criblé comme une passoire le lendemain matin. J'appris plus tard que ce n'était pas le chien qui était visé, mais Christian, qui échappa de peu à la sentence.

Nous avons eu je crois jusqu'à neuf chiens en même temps à la cabane. Ils ne mangeaient pas tous les jours à leur faim. Pour les nourrir, Christian faisait bouillir nos restes des heures durant dans la cheminée de la pièce où nous mangions. Lorsqu'ils sentaient l'odeur putride qui s'en échappait, les chiens, attachés à une chaîne ou à une corde, devenaient comme fous. Ils couraient, sautaient dans tous les sens et aboyaient jusqu'à épuisement. Comme tous, je participais au service du repas des fauves. À l'aide d'une vieille louche cassée, nous remplissions des gamelles de ce mélange puant, puis allions l'apporter aux chiens affamés, en prenant bien garde de tenir nos petits doigts à distance des dangereuses mâchoires.

* *
*

C'est en rentrant d'une de ces périodes passées à l'abri chez un copain que je décidai de quitter définitivement la cabane. Ce soir-là, je découvris un trou dans la cloison de ma chambre, juste au-dessus de mon oreiller. J'appris qu'il avait été produit par une Brenneke, une balle normalement utilisée pour chasser le sanglier. Christian était l'auteur du coup de feu : il cherchait à réveiller un voisin forestier ivre qui s'était endormi sur mon lit. Le courant d'air balistique ne perturba pas trop mes nuits suivantes, mais il me permit de comprendre que l'heure était venue de me sauver. Quitter ces gens dont je me sentais déjà si étranger était à l'évidence le seul moyen de ne pas sombrer. À tout juste seize ans, je décidai donc de renoncer à ma propre famille.

Quelques jours après l'épisode de la Brenneke, lorsque je l'informai de ma décision de partir, ma mère tenta de me retenir, mais je lui dis calmement :

– Plus jamais de ma vie je ne dormirai dans cette baraque.

Elle eut beau me supplier de rester, rien ni personne n'aurait pu m'empêcher de partir. Nous étions en septembre 1983, et je ne remis plus jamais les pieds dans la cabane.

En pleine nuit, je m'engageai sur la piste. Après une heure de marche, j'arrivai en face des grilles de la gendarmerie de La Teste. Soudain, je fus pris d'un immense doute. Qu'allais-je bien pouvoir raconter à ce gendarme que je tirerais probablement de son sommeil ? Qu'allait-il faire de moi ? Serais-je obligé de retourner dans un foyer ? Après un long moment d'hésitation sous les réverbères, je fis demi-tour et retournai dans les bois pour rejoindre mon frère, qui vivait non loin de la cabane avec sa belle-famille portugaise.

Cette famille survivait grâce à la récolte de résine et aux allocations. Dans leur cabane, l'ambiance était fort similaire à celle qui régnait dans la nôtre, mais, aux yeux de mon frère, la grande différence tenait à la couleur de ceux de l'une des filles de la maison. Grâce à la vigne qui envahissait le grillage autour de leur masure, ils fabriquaient eux-mêmes un tord-boyaux dont ils abusaient quotidiennement et qui était souvent à l'origine de violentes bagarres.

Après une courte nuit passée à même le sol, près de la cheminée, je décidai d'aller voir M. Taris, l'éducateur qui nous avait « suivis », jadis, à notre arrivée à La Teste. Je ne l'avais pas revu depuis plusieurs années. C'est lui qui, quelques jours plus tard, m'emmena au tribunal de Bordeaux, où j'étais convoqué dans le bureau du juge pour enfants avec ma mère. Elle ne se présenta pas. Autant intimidé par la solennité du lieu et du contexte que par Mme Jules, la magistrate, si élégante dans sa robe noire, je sentis la peur me gagner. Debout dos à la fenêtre, en contrejour, M. Taris gardait un silence qui me pesait aussi.

Après avoir brièvement exposé les faits, la juge me dit :

– Vous avez deux solutions. La première, c'est de rejoindre un foyer de la DDASS à Bordeaux. La seconde nous a été apportée par M. Jean-Claude Garnier et Mme Sylviane Phelippot [il s'agissait de mon entraîneur de foot à Arcachon et de sa compagne]. Ils se proposent de vous accueillir chez eux jusqu'à la fin de l'année scolaire, en attendant que vous ayez obtenu votre CAP de mécanicien. C'est vous qui décidez. Qu'en pensez-vous ?

Je fus très surpris. Jean-Claude et Sylviane ne m'avaient rien dit. Je ne fus pas long à répondre :

– S'il y a des décibels chez ces gens, ce seront sans doute ceux de la musique. Je préfère aller chez eux plutôt que dans un foyer.

Cachée derrière les piles de dossiers qui encombraient son bureau, madame le juge m'avait fait quitter l'enfer en quelques minutes.

* *
*

Après mon départ de la cabane, je ne revis ma mère qu'en trois occasions, toutes décevantes.

En septembre 2002, à cinquante-trois ans, elle mourut seule dans son lit, dans une petite maison de La Teste où elle vivait avec un autre homme après avoir quitté Henri. C'est mon frère qui m'annonça son décès par téléphone.

Après une messe au cours de laquelle le prêtre eut toutes les peines du monde à faire chanter les quelques fidèles présents, je rentrai très vite chez moi, emportant le registre de condoléances. En tout et pour tout, vingt-cinq personnes l'avaient signé, famille comprise.

J'avais rencontré Jean-Claude et Sylviane quelques mois plus tôt. Pendant l'été, Jean-Claude était passé au garage Lanine et avait réussi à me convaincre de rejoindre l'équipe de football junior qu'il entraînait à Arcachon. Jeune retraité de l'armée de l'air, c'était un homme petit et charmant, aux cheveux poivre et sel rabattus avec soin sur le côté droit de son crâne. Théâtral au bord des stades comme en dehors, il avait un talent rare pour nous galvaniser lorsqu'il nous inculquait les stratégies destinées à améliorer notre classement, en les agrémentant de grossièretés dont nous raffolions tous.

Sylviane, quadragénaire, était une femme généreuse. Après avoir perdu son mari dans des conditions tragiques, elle s'était installée avec Jean-Claude en compagnie de ses deux enfants, qui avaient à peu près mon âge. Laurent, le cadet, m'accueillit chaleureusement dans sa chambre, où l'on installa mon matelas au pied de son lit. Le premier soir déjà, nous fumions ses Lucky Strike à la fenêtre en imaginant naïvement que l'odeur n'atteindrait pas les adultes. Quant à sa sœur, Cécile, elle m'évita totalement pendant une période qui me parut interminable, mais nous avons fini par devenir bons amis.

La famille habitait un pavillon blanc entouré d'un joli jardin. Les enfants avaient chacun leur chambre. À mon arrivée, je portais un vieux jean, une paire de tennis de supermarché, un tee-shirt et un blouson en toile noire déchirée laissant apparaître la doublure rouge en plusieurs endroits. Le tout constituait la totalité de ma garde-robe. Les seules valises que je portais étaient sous mes yeux.

Le premier jour, Sylviane m'offrit deux jolies chemises en coton et un pull-over en laine rouge et noire – des vêtements dont je ne me suis jamais séparé. En me tendant une gigantesque serviette de toilette parfumée, elle m'indiqua que je pouvais me doucher tous les matins. Je m'efforçai de ne pas laisser paraître ma stupéfaction à l'idée de pouvoir me laver chaque jour. Tout était évidemment plus simple : il y avait l'électricité et l'eau chaude.

Je m'émerveillais des moindres objets de mon nouvel environnement : une photo encadrée ; un téléphone posé sur un guéridon ; un grand canapé en velours vert qui offrait une vue imprenable sur le téléviseur ; une bibliothèque contenant une collection d'ouvrages telle que je n'en avais jamais vu. L'odeur unique de cette chaleureuse maison bâtie par un certain Phenix commença à me faire renaître de mes cendres. Grâce à Jean-Claude, à Sylviane et à ses enfants – et grâce à Phenix –, je découvris une quiétude et un confort quotidiens qui m'étaient totalement inconnus jusqu'alors.

* *
*

À l'époque de mon installation chez Sylviane et Jean-Claude, le garage Lanine partit mystérieusement en fumée, et avec lui mes bulletins de salaire d'apprenti. À seize ans, je me retrouvai donc au chômage pour la première fois.

Compte tenu de ma situation et de mes résultats scolaires acceptables, je fus autorisé à terminer mon CAP de mécanicien dans une classe de troisième année de mécanique au lycée d'enseignement professionnel de la Barbotière, à Gujan-Mestras. Coincé entre la voie ferrée et l'un des nombreux ports ostréicoles qui font aujourd'hui encore la fierté de la ville, l'établissement se composait alors de baraques de chantier blanches alignées et de quelques préfabriqués métalliques. L'allure du site m'importait peu, en vérité. Là aussi, j'étais plus sensible aux personnes avec lesquelles je cohabitais qu'à l'environnement.

Bien sûr, j'« omis » de signaler aux Assedic la reprise de ma scolarité. Ainsi, en séchant les cours les mercredis où je devais pointer, je pus collecter un peu d'argent de poche tout en préparant mon diplôme.

À cette époque, ma relation à l'école était plutôt décousue. Elle l'était depuis mon départ de l'orphelinat, où mes résultats scolaires avaient été excellents de bout en bout. Je n'avais pas encore conscience des enjeux liés à la connaissance et à l'éducation, des portes qu'elles sont capables d'ouvrir ou de fermer à jamais, de la liberté qu'elles peuvent offrir. Mais je n'ai jamais oublié la petite phrase de mon professeur de technologie du lycée de la Barbotière, M. Seguin. Un jour, il me lança avec conviction :

– Toi, tu devrais poursuivre les études après ton CAP.

Personne avant lui n'avait montré d'intérêt pour ma scolarité, et, hormis sur les terrains de foot, personne ne m'avait fait sentir que j'avais peut-être un peu de valeur. Quelle ne fut pas la surprise de ce jeune retraité lorsque, trente ans plus tard, il reçut mon appel de remerciements !

Preuve de l'opulence dans laquelle j'avais basculé, je dégustais chaque matin un bonbon à la menthe claire en marchant jusqu'à la gare de La Teste, située à seulement quinze cents mètres de ma nouvelle maison. Plusieurs années après, Sylviane me rappela avec humour que je m'étais assez vite « embourgeoisé », au point de lui demander parfois de m'accompagner à la gare en voiture…

Huit ou neuf mois plus tard, avec soixante-quatorze points d'avance et un zeste de fierté, j'obtins mon premier vrai diplôme, le « CAP de mécanicien auto, option A, véhicules particuliers ». Par la suite, je compris que le CAP pouvait être aux pauvres ce que le master était aux plus riches ou aux plus chanceux. Il représentait encore une assurance de trouver du travail. Pour moi, il fut comme un pont vers la liberté.

Dès l'obtention de mon CAP, je quittai La Teste pour retourner en Normandie, où je ne m'étais plus rendu depuis mon départ de l'orphelinat. Un oncle maternel m'avait trouvé un emploi d'aide-livreur saisonnier dans une entreprise locale de négoce de vins et spiritueux. Sans hésiter, je saisis cette occasion de gagner quelques sous. Le travail ne me faisait plus peur depuis longtemps. Et puis, quand on n'a rien et qu'il s'agit d'obtenir ne serait-ce qu'un peu, les décisions se prennent plus vite.

À la fin de l'année scolaire, j'embauchai donc au Roy Gourmand, dont les entrepôts étaient situés près de Cherbourg. Les journées commençaient à 8 heures du matin par le chargement des camions. Après livraison de nos cargaisons dans les divers débits de boissons des environs, elles se terminaient à l'entrepôt vers 18 heures 30 par le déchargement des fûts vides. Un tandem composé d'un chauffeur livreur et d'un aide-livreur était affecté à chacun des cinq ou six camions de la flotte. Je faisais équipe avec un grand rouquin colérique et fort au cou taurin, deux fois plus vieux que moi, à qui il valait mieux ne pas chercher des noises.

Mes premières journées de travail me rappelèrent douloureusement les corvées d'ostréiculture sur le bassin d'Arcachon – les réveils courbaturés, les muscles tordus par les heures passées à désensabler les huîtres. Sans doute parce que j'étais plus âgé, un peu plus fort aussi, cet emploi me parut cependant moins pénible que celui de débroussailleur forestier, que j'avais occupé pendant des vacances d'hiver dans le Sud-Ouest.

Au bout de quelques jours d'entraînement – et de quelques bleus –, je fus capable de charger sans difficulté les fûts de bière, qui pesaient le poids d'un âne mort. La technique consistait à les faire rouler vers l'arrière entre ses jambes écartées pour leur donner de l'élan, puis à les hisser sur sa poitrine en avançant vers le camion. Un peu comme un haltérophile pratiquant l'épaulé-jeté, il suffisait ensuite de raidir les bras pour faire pivoter le fût tout en le jetant sur le plancher du camion, où il se stabilisait bruyamment dans la poussière. Pour les caisses de bouteilles, le mouvement était plus proche de celui du lanceur de marteau : une rotation rapide du bassin permettait de trouver l'élan nécessaire pour atteindre la hauteur du plateau de bois.

Dans cette petite entreprise, je côtoyais un monde socialement supérieur à celui duquel je venais. C'était un univers extrêmement dur, violent, sans concession, dans lequel une partie de moi ne se sentait pas rassurée. La proximité de l'alcool y était sans doute pour beaucoup. De fait, certains de mes collègues entretenaient avec l'alcool une relation qui m'était malheureusement familière. L'un d'eux commençait systématiquement sa journée en allant s'asseoir sur les palettes de « Kro », où il petit-déjeunait paisiblement de quelques bouteilles décapsulées à l'aide de son briquet. Une fois son repas terminé, il prélevait sept ou huit autres bouteilles et les portait, habilement réparties entre les doigts de ses deux mains, sous le siège du camion avec lequel il allait faire sa tournée. On l'appelait « l'Indien ». Ses cheveux longs et filandreux auraient pu justifier ce surnom, mais d'après la légende il le tenait de l'époque où il était un glorieux chef de bande. Ce quadragénaire paraissait bien plus que son âge ; ses tatouages, eux aussi, avaient mal vieilli. À l'évidence marqué par la boisson et la dureté de sa vie, il était maigre, presque chétif. Il était toujours très gentil avec moi, mais pouvait se montrer extrêmement grossier, voire violent et agressif, le soir, quand il ramenait tant bien que mal le camion à l'entrepôt. En sa présence, je ressentais de la tristesse. Il le percevait sans doute.

Avec le temps, je compris pourquoi j'éprouvais une telle compassion envers lui. Elle s'expliquait par ma connaissance aiguë des alcooliques. Je les repérais immédiatement. Tel un animal, je flairais instinctivement la maladie. J'imaginais alors le drame que devaient vivre les enfants, les cris, les courtes nuits, la peur, les larmes, le sang qui coule, l'odeur acide de la viande soûle. Je pensais aussi à la détresse, à la solitude. Je prenais conscience que ces gens, incapables de rectifier leur propre trajectoire, pèsent sur celle des autres et brûlent trop vite leur vie, disparaissant à jamais en une douloureuse volute de fumée.

Mon aversion pour la boisson était devenue totale, dogmatique. Chaque fois que je me trouvais en présence de personnes ivres, je me préparais au pire et à la légitime défense. Plus tard, cette aversion radicale prit une dimension physique. Aujourd'hui, je suis incapable de boire un verre sans faire une réaction allergique. Mes muqueuses enflent, mon nez coule puis se bouche pendant au moins douze heures. Nos cellules ont de la mémoire.

De nombreuses années plus tard, j'ai pu éclaircir l'origine de certains de mes traumatismes. Les expériences de mes jeunes années ont développé en moi une forme aiguë de paranoïa. Elle est maintenant si forte qu'elle s'étend bien au-delà du contexte des soirées trop arrosées. Elle m'habite. J'ai beau avoir décidé de gommer à jamais mes années à la cabane, les traces de ces chocs à répétition sont indélébiles et ancrées en moi. Elles ont structuré à mon insu ma relation au monde et ma sensibilité à son égard.

Lorsque je pénètre dans un espace qui m'est inconnu, je me prépare toujours à faire face à une agression, qu'elle soit humaine ou pas. Je suis prêt à tout et j'imagine en général le pire. Attentif aux moindres détails, je ne suis jamais apaisé, au repos. Malgré la maturité et le travail de clarification que j'ai mené, c'est encore vrai aujourd'hui. En écrivant cela, je me souviens du surnom que m'avaient donné des clients japonais avec lesquels j'ai longtemps travaillé : « Bourdet-san, le samouraï ». Comme les mythiques guerriers, ils me disaient toujours disposé au combat.

* *
*

Comme livreur, je gagnais 3 500 francs par mois – l'équivalent de 530 euros. Après avoir payé un loyer à mon oncle, il me restait 3 000 francs en poche. C'était bien plus que je n'avais jamais possédé. Je me sentais chanceux et fortuné.

La saison estivale allait bientôt s'achever. Mon emploi saisonnier aussi. Ayant sympathisé avec une demoiselle de Cherbourg, je décidai de rester dans le Cotentin plutôt que de retourner dans le Sud-Ouest, où ma mère continuait de sévir. En effet, là-bas, au milieu des pins et de la poussière, celle que j'avais symboliquement tuée pour me sauver continuait de faire souffrir les rares personnes qui supportaient encore de l'affronter au quotidien : Line par obligation, Henri par nécessité, ou peut-être par amour.

À Cherbourg, je n'avais rien et ne connaissais quasiment personne. J'étais un étranger sur les terres de mon père et je devais trouver un moyen de survivre. Je n'avais pas le choix.

Toujours passionné par le ballon rond, je me mis d'abord en quête d'un club de football dans la région. C'est ainsi que je fis la connaissance de Jean Simon, qui encadrait alors les équipes de jeunes de l'AS Cherbourg. Ce Breton de petite taille portait constamment une casquette et de grandes lunettes et parlait aussi vite qu'il pensait. En plus de ses fonctions au club, Jean Simon était ingénieur au Commissariat à l'énergie atomique. Il occupait un poste d'encadrement à l'arsenal de Cherbourg. C'est lui qui m'offrit mon premier véritable emploi en 1984. Grâce à lui, je devins nettoyeur, sorte d'homme de ménage industriel, dans la société Laving Glass. Son offre fut une aubaine et une promotion. Au début des années 1980, les services de ressources humaines commençaient à rebaptiser les fonctions dont l'appellation était jugée inadaptée ou dévalorisante. C'est donc en tant que « technicien de surface » dans les zones d'accès aux sous-marins nucléaires en construction à l'arsenal de Cherbourg que, à dix-sept ans, je débutai véritablement ma carrière professionnelle.

Dès mon arrivée à 7 heures 45, j'enfilais ma combinaison et me saisissais de l'aspirateur, qui ne me quittait pas de la journée. J'étais chargé du nettoyage de l'atelier des électromécaniciens, du magasin et de la zone d'accès à la chaufferie nucléaire, mais aussi des vestiaires, des communs et des toilettes. Je devais également décrasser l'immense meuble horizontal à casiers que les techniciens enjambaient le matin en changeant de chaussures, remplaçant leurs chaussures civiles par d'autres immaculées qui, ajoutées à leur blouse blanche, leur donnaient une impressionnante allure de chirurgiens. Ce premier emploi dans le nucléaire me permit de découvrir un environnement qui, par sa complexité, me parut d'abord inaccessible. Il me fit aussi côtoyer de talentueux ouvriers, soudeurs ou ingénieurs, dont certains avaient la patience et la gentillesse de répondre à mes questions.

Comme au Roy Gourmand, tous mes collègues étaient plus âgés que moi. Ils n'avaient aucune raison de faire de cadeaux au jeune homme aux cheveux trop longs que j'étais, et ils ne m'en faisaient pas. Je parvenais à ignorer les railleries de mon chef, qui ne m'inspirait rien de bon. Sans doute en comparaison de la sienne, qui était moins nette, il voyait dans ma tenue – un jean et un tee-shirt à peu près propres – de l'élaboration vestimentaire et me reprochait ma curiosité et mon enthousiasme. Il est vrai que j'observais tout ce qui se passait autour de moi et posais sans cesse des questions. C'est la prise de conscience de mon inculture qui me poussait à m'intéresser à tout. Aussi, je travaillais avec la même énergie que dans mes emplois précédents, celle des survivants, et peut-être certains percevaient-ils cet entrain et cette détermination comme des menaces.

Chaque matin, j'étais de corvée de toilettes. Un jour, je m'apprêtais à y entrer pour les nettoyer quand l'odeur forte qui régnait dans le local me fit reculer d'un pas. Un « Waouh, ça pue ! » m'échappa. Immédiatement, un ouvrier quinquagénaire achevant son sandwich me lança méchamment :

– Ouais, bien sûr que ça pue, on ne bouffe pas des savonnettes ici !

Ces échanges violents m'étaient pénibles. C'est vrai, je ne venais de nulle part, je ne possédais rien, je n'étais personne, mais une partie de moi avait du mal à se résoudre à l'idée que mon avenir se limiterait à tout jamais à cet environnement dont je me sentais parfois si distant.

Mes sentiments étaient partagés. Je vivais des moments joyeux. J'étais indépendant. Je pouvais subvenir seul à mes besoins, et cette autonomie que j'avais choisie pour me sauver me procurait un bonheur inespéré. J'étais loin de la cabane et je vivais en paix, c'était déjà énorme. Pourtant, je souffrais de cette nouvelle forme de violence qui venait de certains de mes collègues. Différente de celle de la cabane, elle était moins perverse, mais finalement brutale elle aussi, et elle m'empêchait de me sentir totalement apaisé. C'était certainement un peu présomptueux, mais je croyais pouvoir prétendre à mieux.

Toujours est-il que la réalité du moment était celle-ci. Je n'avais pas le choix. Il fallait bien manger. Résigné, je m'efforçais donc de ne pas trop penser, tout en rêvant que des jours meilleurs viendraient où je pourrais peut-être faire autre chose.

Grâce à mes premiers salaires, je pus m'offrir le grand luxe. À dix-sept ans, j'occupais seul un studio de trente mètres carrés rue des Bocages, dans la ZUP d'Octeville, près de Cherbourg. Mon travail était situé à seulement trois kilomètres, une distance que je parcourais à pied tous les jours, ce qui ne me coûtait en rien. Je bénéficiais de l'aide de la famille de ma jeune compagne, qui m'avait donné un réchaud à gaz, deux chaises et une petite table. Un sommier et un matelas de récupération complétaient l'ameublement de mon palace.

J'ai consulté mes fiches de paie de l'époque : je gagnais 3 800 francs par mois. C'était le paradis. Je découvrais la paix : bien entraîné grâce à mon séjour chez Sylviane, j'avais désormais un sommeil profond et réparateur. À mes yeux, la vie valait davantage. Elle méritait d'être vécue. Cela n'avait pas toujours été le cas.

Plus tard, M. Simon me nomma capitaine de l'équipe de foot qu'il présidait. Cette reconnaissance publique sans précédent combla secrètement un vide et constitua une nouvelle étape dans ma construction personnelle. Aujourd'hui, je le sais : tout compte !

* *
*

Dix mois après mon entrée chez Laving Glass, l'heure du service militaire sonna. Il durait un an à l'époque. Je partis faire mes « trois jours » à Rennes, avant d'être expédié à Hourtin, en Gironde, pour un mois de réveil au clairon, de *Marseillaise*, de pompes matinales, de garde-à-vous et de courses de chaloupes sur le lac. Là-bas, où les pins me rappelaient les heures sombres de la cabane, je pris conscience de la distance que j'avais déjà instaurée avec mon passé torturé.

Un mois plus tard, je reçus mon affectation. Cette fois, la chance était de mon côté. Alors que certains de mes copains étaient envoyés à des milliers de kilomètres de chez eux, j'étais muté à l'École des applications militaires de l'énergie atomique (EAMEA) de l'arsenal de Cherbourg. Cette aubaine me permit, grâce à mes salaires de livreur économisés au cours de l'été, de conserver mon studio pendant mon année militaire.

Avant d'y être affecté, je ne connaissais évidemment pas l'existence de l'EAMEA, et j'étais très loin d'imaginer qu'une institution militaire puisse abriter autant de scientifiques et d'atomiciens à la fois – il va de soi que je n'avais jamais non plus entendu parler de cette dernière catégorie. Fraîchement débarqué des chaloupes d'Hourtin, je présentai donc mes respects à mon nouveau capitaine. Il m'apprit qu'il avait trop de mécaniciens, mais pas assez de plongeurs en cuisine et de barmen au foyer de l'équipage. Comme à la guerre, il me faudrait trancher, si j'ose dire. Mais, avant cela, une opération de la plus haute importance s'imposait : je devais remplacer le revêtement de sol de son bureau. Ce n'est qu'une fois cette mission accomplie que mon choix pourrait être validé. Avec les honneurs, je gagnai finalement le front du zinc pour prendre soin des baby-foot, de l'aquarium, du vivier à tortues et, ponctuellement, de mes collègues marins.

La marine nationale et les contribuables m'offrirent également deux cadeaux formidables : mon permis B et mon permis poids lourds. Pour moi, l'économie était immense. Avant l'armée, je n'avais pas assez accumulé d'argent pour passer mon permis le jour de mes dix-huit ans. Disons plutôt que mon argent avait été jusqu'alors essentiellement consacré à mes dépenses de première nécessité : mon loyer et mon alimentation.

Outre le gain sur le plan financier, l'obtention du permis représentait aussi pour moi, comme pour toutes les personnes aux trop faibles ressources, un sésame vers l'emploi. Lorsque j'épluchais fébrilement les offres d'emploi dans les journaux du Cotentin, je tombais sur quantité d'annonces précisant : « véhicule indispensable ». En plus d'un peu de liberté, le permis me permettrait d'élargir mon périmètre de recherche. Pas de doute, l'auto, c'était la vie. Avec mes deux permis de conduire et mon CAP de mécanicien, je venais d'accroître considérablement mes chances de décrocher un bon emploi à la fin de mon service militaire. Cette perspective me rassurait.

La marine nationale attribuait aussi des primes à certains « appelés défavorisés ». J'en reçus une grâce au soutien de mon quartier-maître et de mon capitaine, tous deux reconnaissants de mes modestes accomplissements. Le service militaire avait décidément du bon pour les gens comme moi.

* *
*

Hormis pour des considérations de quotas à respecter, je ne sais vraiment pas pourquoi je fus décoré de la médaille de bronze de la défense nationale. D'après le télex, elle me fut attribuée pour « service exceptionnel ». Je trouvai la formule élogieuse. Je pense que la raison tient au fait que, à l'armée aussi, j'étais enthousiaste, travailleur, curieux de tout. Plus probablement encore, cette médaille me fut remise car je mesurais plus d'un mètre soixante-quinze et avais à l'époque, paraît-il, une « excellente présentation ». Ces deux critères étaient impératifs, car certains des récipiendaires auraient l'honneur de défiler à Paris à la fin du mois d'août à l'occasion des cérémonies célébrant l'anniversaire de la libération de la capitale.

Le 14 juillet 1986, je fus donc « épinglé » par l'amiral sur la place de la mairie de Cherbourg. Cet événement à première vue anodin – la médaille de bronze de la défense nationale est la plus humble des distinctions militaires dans la marine – suscita pourtant chez moi une fierté particulière. Entre les railleries des adultes qui avaient marqué mon semblant d'enfance, l'absence totale de valorisation ou de reconnaissance par la suite, la croix que j'avais dû faire sur ma carrière de footballeur, puis cet emploi de nettoyeur auquel me contraignait la précarité de ma situation, mon orgueil d'homme en construction avait été soumis à rude épreuve. On mesure mal le besoin de reconnaissance des gens qui n'ont rien. Lorsqu'ils reçoivent un tout petit peu, ils s'animent et se sentent plus vivants. J'ai conversé précieusement l'article publié alors par *La Presse de la Manche* et la photo qui l'accompagnait.

Il faut dire que je conservais tout à l'époque. À commencer par l'intégralité de mes bulletins de salaire, en prévision des calculs pour la retraite. Il s'agissait sans doute là d'une obsession très ouvrière, mais pas seulement. J'ai entendu bien des gens affirmer qu'ils faisaient de même. J'avais le sentiment que, s'ils avaient disposé d'un coffre-fort, ils y auraient placé leurs fiches de paie comme d'autres y placent des titres ou des diamants. Je gardais aussi les photos et les articles concernant mes « exploits » sportifs locaux, les copies de mes modestes diplômes ou formations – en somme, tout ce qui rendait compte du moindre de mes accomplissements, un peu comme si mes expériences, trop insignifiantes ou trop rares, ne pouvaient à elles seules suffire à me rassurer. Grâce à ces quelques preuves, je commençais à construire mon histoire. J'ai toujours ces papiers en ma possession aujourd'hui, soigneusement rangés dans une chemise cartonnée rouge, dans mon bureau, à la maison. Le moment ne serait-il pas venu de faire le tri ?...

* *
*

Mon service national prit fin à Paris en août 1986. Je passai là-bas trois jours, immobile, en compagnie des mythiques gardes républicains, le dos à la flamme du Soldat inconnu, le regard fixé sur l'obélisque de la Concorde au loin.

La page militaire tournée, j'accueillis avec angoisse la perspective de redevenir nettoyeur. Étais-je condamné au nettoyage à vie ? M'en sortirais-je un jour ? J'étais abattu, mais, en l'absence d'alternative, je dus me remettre à astiquer et rebrancher mon aspirateur comme si je l'avais abandonné la veille.

Je fus affecté au hall-boucle du Homet, un vaste atelier mécanique dans lequel les brillants ingénieurs du département Propulsion nucléaire du Commissariat à l'énergie atomique (CEA) testaient les pompes hydrauliques avant de les monter sur les immenses sous-marins. Le hall-boucle était situé à l'intérieur d'une zone sensible et très sécurisée de l'arsenal, abritant les sous-marins de retour de mission. Je vécus comme une gratification le fait de pouvoir y accéder ; tous les nettoyeurs de Laving Glass n'avaient pas ce privilège. C'est plus fort que moi, je vois le bien partout, et c'est vrai aujourd'hui encore.

J'étais très impressionné par les experts qui m'entouraient. Je les harcelais de questions – au grand dam d'un de mes chefs, qui me reprochait ma trop grande proximité avec le client. Progressivement, je me sentis de plus en plus à l'aise avec eux tous et devins la mascotte du service. Il faut dire aussi que j'étais clairement le roi du nettoyage. Pas un grain de poussière ne m'échappait. Pour atteindre les zones à astiquer, je n'hésitais pas à mettre sens dessus dessous les équipements, les plates-formes entourant les ensembles mécaniques, les tapis, le mobilier… J'aspirais sans relâche. Bien sûr, j'aspirais aussi à plus ! Mais je prenais plaisir à bien faire mon travail. Je le dis parfois à mes enfants : « Faites ce que vous voulez, mes amours, mais faites-le bien. »

Aujourd'hui, quand je vois arriver dans nos bureaux, en fin de journée, les équipes de nettoyage, souvent composées de jeunes gens, je repense au passé. J'y pense aussi lorsque je me trouve dans de grands centres hospitaliers, ou encore dans des aéroports – partout où l'on voit ces personnes parcourant d'interminables halls avec leurs grosses cireuses à disque. Je les salue d'un mot gentil, d'un sourire. Je les reconnais. Il m'arrive souvent d'avoir envie de leur parler, de leur dire qu'elles peuvent espérer mieux, qu'elles pourront trouver un autre job, qu'il faut y croire, que c'est possible, que tout est possible. Mais je n'ose pas. Que penseraient-elles de ce cadre pressé ? Ne trouveraient-elles pas mon empathie suspecte ? Elles auraient tort. Je suis persuadé que je saurai encore très bien piloter une cireuse à disque. Certains acquis ne s'oublient pas.

Je n'ai pas oublié non plus à quel point il était blessant et humiliant de voir certains s'abstenir de tout effort pour me faciliter la tâche quand je nettoyais leur espace de travail. Pas un mot, pas un geste, pas même un regard. J'encaissais en silence, mais leur mépris m'était insupportable.

* *
*

Quatre mois après mon retour de l'armée, l'un des mécaniciens du Homet m'apprit qu'il allait quitter son poste. Il ne me fallut pas plus d'une seconde pour comprendre que je me trouvais face à une formidable opportunité. Avec l'autorisation du technicien, j'allai immédiatement frapper à la porte du chef de département – qui n'était autre que Jean Simon, le président du club de foot de Cherbourg – pour lui proposer mes services. M. Simon me posa un certain nombre de questions, m'assura qu'il appréciait ma démarche, puis m'invita à revenir le voir quelques jours plus tard. Je quittai son bureau le cœur serré, assez peu confiant, mais la tête pleine de rêves.

Le surlendemain, Jean Simon m'offrit un CDD de six mois. Il s'empressa de m'informer que, en cas d'échec dans ces nouvelles fonctions, mon retour à Laving Glass serait impossible et qu'il me faudrait aller pointer aux Assedic. Contenant un cri de joie, je lui confirmai aussitôt mon désir de prendre ce risque.

Je troquai donc mon aspirateur et ma tenue de nettoyeur contre une longue blouse blanche. Comme par magie, en une seule nuit, j'étais devenu « mécanicien intérimaire d'essais ». Et je ne rêvais pas ! Ma première mission consista à contrôler les vis de fixation de certaines grosses pompes hydrauliques des chaufferies nucléaires à l'aide d'une machine de mesure micrométrique. Travaillant dans une pièce chauffée en permanence à 20 °C, j'étais coiffé d'un calot et équipé de gants de coton pour éviter tout contact de la peau avec l'inox des précieux boulons, que je manipulais avec le plus grand soin. Dès que je le pouvais, je questionnais les experts qui m'entouraient, et je dois dire que je bénéficiai d'un soutien remarquable dans mon travail. Mes supérieurs me confiaient des responsabilités croissantes et je me sentais progresser de jour en jour.

Lorsque je remplaçai mon bleu de travail par une blouse blanche, je perçus immédiatement un changement dans le regard que les autres posaient sur moi. Dans le monde de l'entreprise, l'habit fait très souvent le moine.

Pour la première fois, j'expérimentai aussi la jalousie d'anciens collègues, amers d'avoir à demander mon autorisation pour pénétrer dans le local de métrologie où j'opérais désormais seul avec ma belle machine.

En changeant de fonctions, je reçus également une augmentation de 1 200 francs qui modifia significativement mon quotidien. À partir de ce jour-là, je cessai d'additionner mentalement le prix des articles que je posais dans mon Caddie au supermarché. Je n'achetais pas n'importe quoi, bien sûr, mais je n'étais plus au franc près.

Toutefois, la fin de mon CDD approchait à grands pas, et mon enthousiasme était parasité par la crainte de me retrouver au chômage. À l'époque, mon bagage scolaire et mon expérience professionnelle étaient bien trop légers pour me garantir une quelconque sécurité de l'emploi. Comme c'est pesant et castrateur, l'incertitude ! C'est un peu l'équivalent d'une interdiction de rêver. Où pouvais-je aller si je perdais mon travail ? Dans la rue ? Je l'avais bien connue, la rue, à Arcachon ou à La Teste, les nuits passées sur les bancs publics, sur la plage ou dans les bateaux. Je voulais mettre définitivement ce passé derrière moi. Et puis, on ne sait jamais qui on rencontre la nuit. La chance ou le hasard jouent toujours dans le noir, parfois pour le pire.

Finalement, quelques jours avant le terme de mon contrat, M. Simon m'informa qu'il allait être renouvelé pour six mois, avec à la clé une nouvelle augmentation substantielle. Je vis la terrifiante menace du retour à la précarité s'éloigner avec un immense soulagement.

Je vivais désormais dans ce qui ressemblait à l'opulence. Mon salaire me permettait d'accéder à tout le confort moderne. C'est ainsi que j'achetai ma première voiture, une Peugeot 104 ZA bleu pâle d'occasion. C'était une espèce de coquille de noix dans laquelle je ne pouvais que difficilement loger plus de deux passagers, dont un contorsionniste à l'arrière, mais, à bien y regarder, elle n'était pas dénuée de charme.

Les voitures n'ont jamais représenté beaucoup pour moi. Quand on est pauvre, elles ne sont guère plus qu'un outil indispensable, en l'absence de transports en commun, pour se rendre d'un point A à un point B, A étant le plus souvent le domicile et B le lieu de travail. Mais ne plus être contraint de marcher pendant des heures, quel bonheur ! Et que dire de la joie égoïste de disposer de ce petit espace privatif : dans l'intimité de ma 104 ZA, mon unique cassette – un album de Peter Gabriel – pouvait tourner en boucle sans déranger quiconque.

Je continuai également d'équiper mon petit appartement. L'affaire semblait entendue : j'entrais dans une ère de félicité électroménagère irréversible. J'investis dans une télévision et une vraie gazinière, puis dans une machine à laver – un achat décisif qui sonna la fin des heures d'attente au Lavomatic. Plus tard, comble du raffinement, auquel j'avais goûté chez Sylviane et Jean-Claude, je m'offris le peignoir en coton de mes rêves. Il était superbe, en tissu écossais vert doublé de coton blanc. Ce fut ma première acquisition d'un produit de *dernière* nécessité. Il faut déjà être quelqu'un pour posséder un peignoir. Je découvrais ainsi cette célèbre loi économique que j'allais étudier des années plus tard selon laquelle, à mesure que les revenus augmentent, les dépenses s'orientent vers le luxe. Je n'échappais pas à la règle.

À la fin de mon deuxième contrat de six mois, je fus reconduit dans mes fonctions pour un nouveau CDD de la même durée et mon salaire mensuel fut porté à 5 800 francs – soit 884 euros. Preuve incontestable que j'étais devenu riche, je pus commencer – ce qui ne m'était jamais arrivé jusque-là – à me rendre régulièrement au cinéma, au point d'y prendre goût. J'étais donc déjà entré dans la vingtaine quand je découvris le grand écran. Je salue chaleureusement celui qui, au Club 6 de Cherbourg, eut à cette époque la bonne idée de programmer des films de Ken Loach, Steven Spielberg ou Bertrand Tavernier. Ces séances étaient un peu mon jardin secret et j'en parlais rarement au travail. Je n'avais pas honte, loin de là, mais nous étions très peu nombreux à apprécier le cinéma d'art et d'essai. Je repense à certaines projections lors de festivals de ce genre où je me retrouvais seul dans la salle, m'imprégnant d'émotions qui jusqu'alors m'étaient restées inaccessibles.

Le cinéma devrait être déclaré d'utilité publique. Le foot aussi, d'ailleurs.

Fin 1987, des copains du club de foot m'apprirent que la Cogema lançait d'importants recrutements dans sa gigantesque usine nucléaire de La Hague, près de Cherbourg. Sans avoir une idée précise des activités qui s'y déroulaient, je savais néanmoins ce que représentait le fait d'y travailler. Dans l'esprit des habitants de la région, la Cogema (qui fait aujourd'hui partie d'Areva), c'était la sécurité de l'emploi, un bon salaire, et la certitude de pouvoir emprunter pour acheter une maison.

En Nord-Cotentin, à l'époque, les deux employeurs les plus recherchés étaient l'arsenal de Cherbourg et la Cogema. Ceux qui avaient la chance de travailler pour l'un ou l'autre représentaient une vaste population qui portait l'économie de la région. On entendait souvent poser cette question étrange : « T'es

Cogema ou pas ? » Être Cogema, quoi qu'on y fît, c'était déjà être quelqu'un !

Les recrutements concernaient toutes les catégories de personnels, de l'ingénieur à l'ouvrier. Les besoins étaient immenses. Sans grand espoir, je transmis mon CV rachitique et une squelettique lettre de (grande) motivation à un ami footballeur qui travaillait au service des ressources humaines de l'entreprise. En novembre 1987, je passai avec succès une batterie de tests psychologiques et médicaux, puis fut convoqué pour un entretien avec M. Dumont, le responsable du secteur dans lequel j'étais susceptible d'être embauché.

Le jour dit, je tentai en vain de me détendre tandis que j'attendais mon tour dans une petite salle attenante à son bureau, voyant les candidats défiler sous mes yeux comme le jour de la vaccination collective lorsque j'avais été appelé sous les drapeaux. L'entretien se déroula parfaitement, jusqu'au moment où, après avoir posé sa pipe, M. Dumont déplia sous mes yeux le plan géant d'une espèce de machine extraterrestre qu'il appela « enceinte mobile d'évacuation de matériel ». Puis il me questionna. Ma confusion était extrême. Mon ventre, ma gorge étaient noués, et mon recruteur n'eut probablement aucun mal à s'en apercevoir. Ce trouble révélait évidemment mon ignorance et mes lacunes en mécanique. Je pris douloureusement conscience de mes limites en « enceinte mobile d'évacuation de matériel ». À mon soulagement, M. Dumont enchaîna. Il acheva l'entretien en me disant que, dans la mesure où il rencontrait de nombreux candidats, il serait curieux de savoir pourquoi il devrait me sélectionner plutôt qu'un autre.

– Je ne sais pas pourquoi vous prendriez les autres, monsieur, lui répondis-je, mais avec moi, une chose est certaine : je suis courageux !

Quelques semaines plus tard, j'entrai à la Cogema en contrat à durée indéterminée en tant qu'opérateur de fabrication, c'est-à-dire ouvrier. C'était ce à quoi je pouvais prétendre de mieux compte tenu de ma maigre formation initiale et de mes quelques années d'expérience en tant que vendeur d'espadrilles ou de fromages, mécanicien auto, ostréiculteur, débroussailleur, livreur de vins et spiritueux ou encore, plus récemment, technicien de surface et mécanicien intérimaire d'essais.

Par souci de précision, j'ai retrouvé mon premier bulletin de salaire à la Cogema : en mars 1988, j'ai été embauché pour une rémunération nette de 6 000 francs par mois. C'était un montant tout simplement considérable. À bientôt vingt et un ans, en signant ce CDI, je voyais enfin la fin de ma précarité, pour le plus grand bonheur de Jean Simon, qui m'avoua, vingt ans plus tard, qu'il connaissait mon recruteur. Il accueillit l'annonce de mon embauche par cette exclamation :

– Tu te rends compte, si tu finissais chef de quart, ce serait formidable !

J'étais d'accord avec lui, mais cet aboutissement paraissait totalement improbable à l'époque.

* *
*

Après avoir suivi les diverses formations destinées aux jeunes embauchés, je pris mes fonctions dans AD2 (atelier de décontamination numéro 2). C'était un immense atelier mécanique en cours d'achèvement au cœur du gigantesque complexe industriel qui abritait l'une des plus fortes concentrations d'ingénieurs en Europe.

Chaque jour, avant de me fondre avec enthousiasme au sein des vastes équipes de cols bleus, je me soumettais au rituel tant de fois répété à l'arsenal : troquer mes vêtements personnels et mes baskets contre un bleu ou un blanc de travail et des chaussures de sécurité. À l'insu de mes collègues et en sus de ses fonctions premières, ce nouveau costume contribuait à mon inclusion et me faisait franchir un palier supplémentaire dans la tribu des hommes socialement intégrés.

Mes journées étaient principalement dédiées aux réglages d'équipements mécaniques, de convoyeurs, de transstockeurs et autres ponts roulants de complexité variable. Rien n'avait changé dans ma relation au travail. Mon engagement était toujours aussi fort et ma curiosité inaltérée. Je me nourrissais de tout, j'apprenais sur tout. Avec les autres petits nouveaux, nous riions aussi beaucoup, maniant avec ravissement l'humour simple et bon enfant de la jeunesse.

Quelques mois après mon embauche, je fus nommé responsable d'essais et pris la tête d'une équipe de trois mécaniciens. Cette petite promotion peut paraître bien anecdotique aujourd'hui. Il n'en est rien. Avec plus de vingt ans de recul, je sais combien fut essentiel pour moi le fait de recevoir la confiance de remarquables personnages.

Un an après mon arrivée à la Cogema, l'ingénieur responsable de mon secteur me confia la supervision de plusieurs équipes de mécaniciens. Je travaillais désormais en « 3 × 8 », sept jours sur sept, et je fêtai ma promotion au rang d'opérateur de niveau 3. En 1990, après deux années d'essais, l'atelier de décontamination numéro 2 entra en service. Il fonctionne encore aujourd'hui et j'y ai toujours de nombreux collègues et amis.

Dès que possible, je suivais les programmes de formation internes : automatisme, électricité, méthodes de résolution de problèmes, management… Je compris d'emblée que ma précieuse mais « très modeste » formation initiale – mon CAP de mécanicien – serait rapidement un frein à mon évolution professionnelle, une formule qui commençait à avoir un sens pour moi. Je décidai donc de reprendre mes études.

Avec le soutien du service des ressources humaines de La Hague, j'entamai une formation au Centre national d'enseignement à distance (Cned) pour obtenir un bac F3 d'électrotechnique. En parallèle, je prenais des cours de mathématiques au Greta de Cherbourg. Mon appétit de connaissances était insatiable. Plus j'apprenais, plus je me sentais libre. À vingt-quatre ans, après deux années de cours du soir et grâce au *Don Juan* de Molière, je passai avec succès mon bac de français et fut admis en terminale.

Je ne peux omettre de mentionner une rencontre qui eut lieu à cette époque : celle de l'exceptionnel abbé Lucas, par l'entremise – encore – de M. Simon. Chaque samedi matin, le vieux curé me donnait rendez-vous dans le presbytère de l'église Notre-Dame-du-

Vœu de Cherbourg. Là, avec toute sa générosité et sa patience d'homme d'Église, il m'offrait deux heures de cours de maths à l'ancienne.

Vêtu de noir et blanc, perpétuellement coiffé d'un béret, l'abbé Lucas était un homme assez petit, filiforme, aux mains maigres et noueuses. Il était célèbre dans le quartier, où il promenait ses quatre-vingts et quelques années avec une élégance rare. Son pas était lent, précis. Le temps qu'il nous fallait pour gravir l'escalier menant à son petit bureau dans les étages du presbytère constituait le délai idéal pour me conditionner.

Le bureau était une pièce dépouillée, exclusivement remplie d'ouvrages et de papiers. L'abbé refusait que je lui laisse le petit fauteuil à l'assise légèrement molletonnée. Il préférait s'asseoir sur sa vieille chaise en bois. « Trop de confort dessert ma capacité à penser », disait-il.

Sans doute était-ce dû à son aspect mystique, mais le lieu semblait habité par une entité supérieure. Dans une certaine mesure, on peut dire que, grâce à l'abbé Lucas, grâce aussi à la majesté subliminale et éthérée de Notre-Dame-du-Vœu, j'ai fait maths sup au presbytère !

C'est plus tard que j'ai compris d'où venait ma boulimie de connaissances : elle constituait pour moi une forme de protection. Plus j'accumulais de savoir, plus je me sentais fort et moins je craignais de retomber dans la précarité. Bien entendu, il s'agissait d'une croyance, mais mon parcours en avait fait une évidence incontestable. J'appris donc beaucoup, sur tout, et me mis à collectionner les formations et les diplômes, imaginant qu'ils me mettraient à l'abri du danger.

Je passais le plus clair de mon temps à travailler : à l'usine le jour ou la nuit, selon les cycles, le reste du temps dans mon nouvel appartement, un joli F3 de soixante mètres carrés où j'avais aménagé une chambre en bureau. La quiétude de mon nouvel environnement et les ouvrages imposés par mes cours me donnèrent progressivement le goût de la lecture. Bientôt, je pus aller au-delà de ce qui était directement utile à ma formation et me dirigeai vers des lectures plus classiques, puis plus ésotériques et spirituelles. L'occasion de me rappeler qu'il n'y avait jamais eu aucun livre à la cabane… Parallèlement à l'évolution de ma condition immobilière et culturelle, je connus une nouvelle ascension automobile en faisant l'acquisition d'une Renault 9 d'occasion.

* *
*

Sur le plan conjugal, malgré un mariage précoce, mes espoirs de vie commune avec ma Cherbourgeoise s'envolèrent peu après la mort de son père, emporté sous mes yeux par une crise cardiaque. Ce drame me frappa au cœur. Malgré l'affection et la tendresse de ma belle-famille, l'absence de mon beau-père me fit vite comprendre mon erreur : c'était son amour à lui et la quête d'un père qui m'avaient guidé vers cette union. Ma confusion fut douloureusement admise par tous, et le divorce fut prononcé aussitôt. Je me retrouvais donc divorcé à vingt et un an. N'étais-je pas sur le point de reproduire des schémas généalogiques ancestraux ?

Avec deux décennies de recul, je comprends mieux mes actes et mes choix de l'époque. Ils étaient dictés à mon insu par le double abandon dont j'avais été victime : celui de mon père, bien trop tôt, puis celui de ma mère. Ce désir de famille si profondément ancré en moi en était évidemment l'expression ; ce désir de père aussi. Pendant mon enfance, je n'ai jamais reçu ni caresse ni baisers. Je n'ai qu'un seul souvenir de moi assis sur les genoux de ma mère. Ce manque de contact charnel devint conscient beaucoup plus tard. Je mesure aujourd'hui à quel point j'avais envie d'être embrassé, étreint, touché ne serait-ce qu'un peu, juste une main douce posée sur mes cheveux.

Mes actes étaient aussi induits par l'extrême violence dans laquelle j'avais (sur)vécu à partir de ma sortie de l'orphelinat. Ces divers traumatismes m'avaient enfermé dans une espèce de prison émotionnelle. Pour ne pas sombrer, il m'avait fallu mettre en œuvre de nombreuses stratégies de défense plus ou moins conscientes. Me protéger était progressivement devenu instinctif.

L'une de mes premières parades contre la souffrance était la désensibilisation. Une espèce de surmobilisation intérieure me permettait de me dire en permanence : « Même pas mal ! » Ce faisant, je parvenais à encaisser à peu près tout. Il y avait aussi la mise à distance, l'éloignement du danger autant que possible. Parfois, quand j'étais enfant et que je rentrais chez moi, je m'imaginais partant à la guerre. Pour beaucoup de gens, le risque se situe à l'extérieur ; pour nous, c'était tout le contraire. Le danger était à la maison, et chacun de nos retours nous ramenait vers lui. Rien ne m'angoissait davantage que de spéculer sur ce que j'allais découvrir en arrivant à la cabane. Certaines fois, je trouvais même plus rassurant d'affronter la nuit et la forêt que de rester à l'intérieur.

Passant la majeure partie de mon temps hors de chez moi, je multipliais les nuitées dans les familles de copains où je me sentais protégé et aimé. Mon année de sport-études, notamment, fut une période de répit qui me procura de nombreux bénéfices.

Mon frère, qui était costaud, fut rapidement capable de lutter par la force. Ce n'était pas mon cas, et j'ai donc choisi la fuite. Même si je pense que c'était une sage décision pour moi, j'ai abandonné Line et j'en ressens toujours une grande culpabilité. Quelles étaient les options pour ma petite sœur ? Je nous revois tous les deux pétrifiés d'effroi, recroquevillés dans un coin de la cabane, tandis qu'une bagarre faisait rage et que Boule, lui, cognait déjà.

Je dois me souvenir de toutes les personnes, de tous les objets, de toutes les passions qui m'ont permis de m'en sortir. Comment aurais-je pu survivre sans Line et Boule ? Comment aurais-je pu progresser sur la piste sans les chênes et les pins ? Comment aurais-je pu avancer sans mes sauveurs, tous ces êtres merveilleux qui m'ont aidé et tant aimé ? Comment aurais-je pu vivre épanoui sans le foot, sans le cinéma, sans retourner à l'école ? Et, aujourd'hui, comment vivrais-je sans les miens, que j'aime plus que tout ? Comme beaucoup, ils apprendront de moi en lisant ces lignes. Ils comprendront mieux la source de mes failles, dont certaines sont désormais l'objet de plaisanteries familiales.

La reconnexion avec mes sensations fut un processus assez long. *A posteriori*, j'ai été attristé de comprendre que j'avais pendant si longtemps ignoré des pans entiers de moi-même, renoncé à mes émotions et refusé de prêter attention à de terribles manques, à des douleurs émotionnelles si aiguës. Au plus profond de moi, il en reste encore des traces. Elles ne disparaîtront jamais. Après avoir cherché à les refouler, sans y parvenir, je les observe désormais. Je les connais et les reconnais comme autant de boules sombres qui resteront inamovibles mais dont la taille diminue à mesure que mes regards pèsent sur elles. La plus massive d'entre elles n'est faite que de violence. Depuis que je l'ai repérée, je la surveille de près. Même si je la sens grossir parfois lorsque le monde se tend autour de moi, j'ai le sentiment d'en avoir pris le contrôle. La violence fait partie de moi. Elle aura été mon seul héritage, comme un legs irrécusable.

Je continuais de pratiquer mon sport de prédilection, à un niveau honorable, d'abord à Cherbourg, puis dans des clubs de plus en plus modestes, mais ma courte carrière connut son crépuscule quand le ligament antérieur de mon genou droit se disloqua lors d'un match qui n'eut d'amical que le nom. Sans tristesse ni regret, je compris, enfin, que le football ne me ferait pas vivre. Cela faisait déjà plusieurs années que j'y croyais de moins en moins fort. C'était désormais acquis : en foot, je n'étais pas un « has-been », j'étais un « never-been ». Cette blessure m'obligea à suspendre provisoirement ma course aux diplômes. Six mois de rééducation m'empêchèrent de me présenter aux épreuves du bac. Malgré toute ma bonne volonté, je ne serais donc jamais bachelier.

Le renoncement n'a jamais été très présent dans mes schémas de pensée. Pourtant, cette fois, l'évidence s'imposait. Libéré de mon rêve footballistique, je pouvais regarder plus clairement dans une autre direction.

Autre signe de ma richesse croissante, en cette fin des années 1980 je commençai aussi à prendre l'habitude de faire de petites escapades, d'abord en région normande, puis dans le Sud-Ouest, où vivaient toujours les rares et précieuses personnes constituant ma véritable famille : Line et Boule, Sylviane et ses enfants, mon vieux copain Patrick et ses parents, quelques autres encore. Lorsque je descendais là-bas, la cabane n'était pas loin. J'eus plusieurs fois envie de m'en approcher, la curiosité d'aller voir ce qu'elle était devenue, mais jamais je n'eus le courage de passer à l'acte. Quant à ma mère, je ne savais pas précisément où elle habitait. J'avais rompu tout contact avec elle des années plus tôt. Je n'éprouvais aucune tendresse pour elle et n'avais aucun désir de la revoir. Ce n'est que bien plus tard, après son décès, que je pus de nouveau retrouver un peu d'estime pour elle, lui chercher des excuses et la considérer davantage.

* *
*

Un jour de 1990, alors que je rentrais de l'un de ces séjours dans le Sud-Ouest et que j'attendais ma correspondance à la gare Saint-Lazare à l'heure de pointe, mon attention fut attirée par une longue silhouette rouge et élégante, ralentie par deux gros bagages, qui progressait lentement dans ma direction. Bientôt, je fis face à une dame d'une cinquantaine d'années vêtue d'un tailleur-pantalon. Bien qu'elle se fût adressée à moi en anglais, une langue dont j'avais une maîtrise plus qu'approximative à l'époque, je compris qu'elle souhaitait se rendre à Cherbourg et cherchait le quai correspondant. Je lui indiquai que sa destination était aussi la mienne et, spontanément, empoignai ses lourdes valises, tandis que les panneaux annonçaient le numéro de notre voie dans un cliquetis métallique.

Annie était australienne et rendait visite à son oncle, un Britannique installé près de Valognes, jolie bourgade du bocage bas-normand. C'était une femme élancée et gracieuse dotée d'une présence étonnante et de beaucoup de classe. Elle avait des mains fines, des mains d'intellectuelle, et parlait avec passion. Tout semblait séparer nos deux mondes.

Le voyage entre Paris et Valognes, long de trois heures, me parut ne durer qu'un instant tant je fus subjugué par ce qu'elle me raconta de son grand et beau pays, la destination de mes rêves. Photos à l'appui, elle me présenta sa famille : Digby, son mari, chef d'entreprise à Adélaïde ; Guy et Stuart, ses deux fils, participant à la fameuse course maritime entre Sydney et Hobart. Je fis aussi la connaissance de ses chiens, pus admirer son immense maison et entendis raconter de nombreuses histoires familiales. Le monologue d'Annie était rendu vivifiant par son incroyable énergie et la capacité qu'elle avait à rendre fascinantes des anecdotes *a priori* sans importance. De mon côté, je manifestais ma compréhension – parcellaire – par des « yes » ponctuels.

À Valognes, elle me laissa sa carte et me somma de lui rendre visite aux antipodes. Triste comme on peut l'être quand on quitte un vieil ami, je l'aidai à descendre ses bagages sur le quai et remontai dans le train pour continuer mon voyage. Je la suivis des yeux jusqu'au dernier instant, m'abandonnant au roulis de la bruyante machine.

Cette rencontre ferroviaire déclencha chez moi des envies nouvelles de voyages et de découvertes. Je ressentais une forme inédite d'excitation, une stimulation dont je compris bien plus tard la raison : Annie était tout simplement la première personne de nationalité étrangère dont je faisais véritablement la connaissance. J'avais alors vingt-trois ans et je me demandais : pourquoi cette riche étrangère s'était-elle spontanément montrée si inconditionnellement généreuse avec moi ? Se pouvait-il que je présente un quelconque intérêt à ses yeux ?

Ce trajet entre Paris et Cherbourg avait été un moment réjouissant, mais je ne parvenais pas vraiment à m'expliquer pourquoi.

* *
*

À Cherbourg, ma vie s'écoulait assez paisiblement, rythmée par mon travail à l'usine de La Hague, dans lequel je continuais de m'investir pleinement, et par les formations que je suivais dès que possible. Mon genou m'ayant lâché, j'avais substitué le surf au football. À présent, je me rendais régulièrement dans le Sud-Ouest, ajoutant à mes séjours sur le bassin d'Arcachon des visites à l'océan. À chacun de mes voyages, je faisais de nouvelles découvertes et des rencontres souvent merveilleuses. Telle une éponge, je m'imprégnais de tout. Je m'ouvrais aux autres, mais aussi au monde, et, ce faisant, j'avais l'impression de m'offrir à lui.

Près de deux ans s'étaient écoulés depuis ma rencontre avec Annie lorsque je fis la connaissance d'une jeune Cherbourgeoise qui rentrait d'Australie. Je passai des soirées entières à l'écouter me parler de la terre rouge, des Aborigènes, de la Croix du Sud, de la lumière magique de l'aube sur les immensités de ferrite, des chemins de cantilène. Elle était intarissable, et ma soif d'informations était inextinguible.

Pendant toute mon enfance et mon adolescence au fond des bois, j'avais rêvé d'antipodes. Ce n'était pas uniquement pour découvrir les terres rouges d'Australie. Ce que je voulais, c'était surtout fuir, mettre la plus grande distance possible entre le monde où je vivais et celui où je rêvais de vivre. Une décennie plus tard, à l'âge de vingt-cinq ans, concrétisant une décision qui mûrissait finalement depuis l'époque de la cabane, je décidai de traverser le globe. J'avais désormais accumulé suffisamment d'argent et de confiance pour me lancer dans mon périple australien.

Au travail, j'informai mes responsables que je souhaitais prendre une année sabbatique, tant pour apprendre l'anglais, dont la maîtrise me paraissait indispensable, que pour réaliser un vieux rêve. Ils furent compréhensifs et acceptèrent. Un semestre de préparatifs débuta alors. J'écoutais les stations de radio des îles Anglo-Normandes, que l'on capte parfaitement en Nord-Cotentin, et me rendais aussi souvent que possible à la gare maritime de Cherbourg, où j'engageais la conversation avec de parfaits étrangers, à la seule condition qu'ils soient anglophones.

Je rendis les clés de mon appartement et vendis l'ensemble du modeste mobilier que j'avais acquis depuis mon arrivée à Cherbourg, ainsi que mon auto. Pendant quelques mois, je fus hébergé gratuitement dans la famille de mon ami Vincent, le Vendéen, qui n'hésita pas à m'aménager une chambre individuelle dans son sous-sol. Dernière étape, j'écrivis à « Annie de Saint-Lazare » pour l'informer de mon voyage. Un courrier posté à Adélaïde début octobre 1992 arriva la veille de mon départ. Annie se disait ravie de mon arrivée et proposait qu'un ami me récupère à mon atterrissage à Sydney. J'étais clairement attendu !

Je n'eus pas le temps de lui répondre : j'étais prêt à décoller.

En octobre 1992, après avoir approvisionné mon compte en banque au maximum et rempli deux gros sacs, j'étais prêt à partir pour Sydney. Au terme d'un repas d'adieu au restaurant, mes amis normands, qui n'y croyaient toujours pas de me voir m'envoler, m'offrirent un drapeau français, un superbe duvet et un couteau suisse, car, comme chacun sait, « ça peut toujours servir ».

Le jour du départ arriva. Je devais gagner Londres, d'où décollerait mon avion pour Sydney. J'étais très anxieux, et le bercement du ferry n'y changea rien. Je ne pus fermer l'œil de la nuit. Hirsute et lymphatique, je pris ensuite un bus pour la capitale britannique. La taille de l'appareil de la Qantas dans lequel j'embarquai me souffla. Feignant de me sentir à l'aise au milieu de passagers tous plus décontractés les uns que les autres, je me sentais en réalité totalement perdu. Pour me rassurer, je me raccrochai à un petit signe du ciel : c'est *La Méditation de Thaïs* de Jules Massenet qui accompagna les procédures avant le décollage. Au cours des dernières années, j'avais commencé à découvrir la musique classique et j'étais justement tombé profondément amoureux de cette œuvre, qui me rendait joyeux et mélancolique à la fois.

Pendant le vol, je portais souvent mon regard sur l'écran où une ligne rouge matérialisait notre progression vers l'autre bout du monde. J'ai aussi gardé en mémoire le tapis de bicoques alignées près de la piste quand l'avion fit escale à Bangkok.

Enfin, trente heures après mon départ de Cherbourg, au terme d'un voyage qui m'avait fait vivre deux baptêmes successifs – celui de l'eau sur un car-ferry, puis celui de l'air sur un gros porteur –, l'avion de la Qantas se posa sur la piste de l'aéroport de Sydney. J'allais fouler du pied le continent et la terre rouge de mes rêves.

* *
*

Dès le lendemain de mon arrivée, j'achetai une planche et mis le cap sur le North Shore. C'est là que se trouvent les spots de surf les plus réputés de la région, que j'écumai pendant tout un mois. Guidé par mon Lonely Planet, j'attaquai ensuite une immense boucle en bus. Elle me fit passer par Brisbane et la Gold Coast, Rockhampton et le tropique du Capricorne, Cairns, la Grande Barrière de corail et la mer du même nom, Alice Springs et les monolithes géants d'Ayers Rock et des monts Olga, Coober Pedy et ses mines d'opale…

Au bout de trois mois de périple, je me décidai enfin à contacter Annie.

– Patrick, where are you ? s'écria-t-elle quand je l'eus au bout du fil. I have been looking for you all around the country.

– I'm in Adelaide, Annie !

Moins d'une heure plus tard, une splendide Jaguar XJ 4 vert d'eau s'arrêta devant la modeste auberge où je logeais. Bien que je n'aie jamais eu la fibre pour les belles carrosseries, je ne pus ce jour-là m'empêcher de m'extasier à la vue de la somptueuse berline. L'instant d'après, légèrement emprunté dans mon jean de *backpacker* d'une propreté douteuse, j'étais installé dans le luxueux habitacle aux odeurs de cuir.

Annie était toujours aussi souriante et dynamique. Son élégance et sa sophistication étaient restées intactes. Sa présence maternelle et chaleureuse me touchait toujours autant.

C'était un peu comme si elle était descendue du train normand la veille, comme si ces dernières années n'avaient pas existé. Elle me gronda gentiment de ne pas l'avoir contactée plus tôt, m'assurant qu'elle s'était inquiétée pour moi – ce que j'eus du mal à croire tant l'idée que quelqu'un se fasse du souci à mon sujet me paraissait saugrenue.

Après un court trajet, nous avons atteint les hauteurs d'Adélaïde, où vivait Annie avec sa famille. La propriété de la famille Thomas n'était protégée par aucune grille ni aucun portail ; seuls deux murs au design épuré encadraient le chemin de graviers d'un blanc immaculé. Sur celui de droite se détachait élégamment le nom de la propriété : « Hilltop ».

La Jaguar, déjà, m'avait surpris ; la propriété me plongea dans la stupéfaction. La voiture pénétra dans un immense parc boisé. J'entends encore le doux bruissement des petits cailloux se compactant sous les roues de l'auto tandis qu'elle se rapprochait d'une maison que je n'apercevais toujours pas. Ce paysage ne manqua pas de me renvoyer à mes souvenirs des bois, et, dans un sourire intérieur, je ne pus m'empêcher d'imaginer la Jaguar, pour peu qu'elle eût été 4 × 4, se dirigeant doucement vers la cabane.

Au bout de quelques minutes, je découvris enfin la majestueuse demeure, construite de plain-pied. Annie stationna son carrosse face au perron et je pus admirer, les yeux écarquillés, la façade ornée d'imposantes colonnes blanches, un peu comme à la Maison-Blanche à Washington.

J'eus aussitôt droit à une visite des lieux. Une jolie cuisine carrée, suréquipée, était prolongée par un chaleureux salon qui jouxtait une gigantesque salle à manger. Cette dernière s'ouvrait sur une vaste piscine intérieure, entourée d'un plancher en teck et d'une serre luxuriante. L'ensemble avait des allures de jardin botanique. Au fil de la visite, je ne pus m'empêcher de repenser à la cabane, dont la surface totale n'excédait sans doute pas celle de la chambre qui m'avait été attribuée ici. Ce parallèle me fit ressentir avec plus d'acuité encore la distance qui séparait ce présent de mon passé torturé.

Je ressentais tout aussi fortement une autre distance : celle qui séparait mon monde de celui dans lequel Annie me conviait. Tout en m'efforçant encore une fois de conserver un calme apparent, j'étais terriblement nerveux. Certes, depuis quelques années j'avais gravi bien des échelons sur l'échelle sociale, mais l'univers dans lequel je venais d'être téléporté me restait totalement inconnu. Je redoutais un peu qu'Annie découvre qui j'étais vraiment, de quel milieu j'étais issu, et qu'elle en soit déçue pour des raisons que je ne pouvais pas imaginer. Depuis longtemps, pour me protéger des questions personnelles qui me plongeaient dans l'embarras, je prenais garde à ne rien laisser transparaître qui pût éclairer mes interlocuteurs sur mes origines. Je fis donc comme si tout ce que je découvrais chez les Thomas était la norme, et je n'eus pas l'audace de manifester ma surprise devant sa bonté lorsqu'elle me lança, du fond du cœur :

– Tu peux rester ici aussi longtemps que tu voudras Patrick, tu es chez toi.

Digby, son mari, possédait des terres et une société de réparation de gros engins de chantier. Il collectionnait par ailleurs les voitures anciennes, dont il possédait cinq ou six modèles. Guy, leur fils aîné, s'était expatrié à Londres, où il était ingénieur mécanicien dans une célèbre écurie de formule 1. L'une des ailes de la maison lui appartenait. Stuart était avocat d'affaires et vivait entre Londres et Melbourne.

Tout était merveilleux à Hilltop, et je n'en ressentais aucune jalousie. Non seulement les lieux étaient aux antipodes de ce que j'avais connu jusqu'alors, mais la position sociale des membres de la famille paraissait totalement inaccessible à quelqu'un comme moi. Il n'y avait qu'à comparer nos rapports avec les automobiles : même avec mon CAP de mécano obtenu avec palme, mon long stage au garage Lanine et mon expertise exceptionnelle dans le pilotage des Peugeot 104 ZL et des Renault 9 GTL, je n'avais jamais approché une Jaguar, encore moins les voitures de collection ou les formule 1. Imaginez mon émotion le jour où Digby me passa le volant de sa Sunbeam 1927, quand j'entendis les pignons de la boîte de vitesses se frotter bruyamment les uns contre les autres. Une autre fois, Digby me prêta sa superbe Iso et je connus le plaisir indicible de faire vrombir ses douze cylindres sur les paisibles routes de Hindmarsh Island, dans l'estuaire du fleuve Murray, en Australie du Sud. Preuve aussi de la confiance qu'Annie m'accordait, elle me demanda un jour de récupérer sa Jaguar au garage. Sourire au coin des lèvres, je me pris un instant au jeu du richissime personnage qui regagne sa propriété au terme d'une belle journée australe. J'eus d'ailleurs l'impression que le regard des autres automobilistes sur moi changeait tout à coup d'angle.

Hier encore, tout ce monde n'existait pas pour moi ; aujourd'hui, il était là, bien réel, multicolore, gracieux, luxuriant et inquiétant à la fois. Ce spectacle me donna une conscience grandissante du poids de mes origines dans ma trajectoire. J'admirais secrètement, sincèrement et sans aucune jalousie ce que ces gens avaient accompli pour eux-mêmes et leurs enfants. Ils étaient la preuve vivante de ce que j'aurais pu vivre si j'étais né dans un autre milieu.

Dans les jours qui suivirent mon arrivée, Annie me présenta également au personnel de maison : la femme de ménage et le jardinier et majordome, Eugene. Eugene devait avoir tout juste la quarantaine. Il était gai et fort. Sans doute y avait-il une certaine proximité entre nos origines respectives. Je me sentais très à l'aise en sa présence, nous nous comprenions bien. Il devint rapidement mon ami et je passai de longs moments à ses côtés tandis qu'il entretenait le grand parc.

Les conversations à Hilltop dans les dîners entre amis, à l'heure du thé de l'après-midi ou lors des parties de bridge me faisaient ressentir fortement mon ignorance et mon inculture. Il y était question de l'essor économique de l'Inde, du rapprochement entre l'Australie et la Chine, des événements caritatifs passés ou à venir, du Grand Prix de formule 1 d'Adélaïde ou encore du prochain rallye organisé avec le petit cercle de collectionneurs de voitures anciennes. Il arrivait que je m'efforce de participer à ces discussions éclairées, mais, la plupart du temps, je gardais le silence. Les hôtes mesuraient parfois mon inconfort et venaient à ma rescousse en ramenant la conversation, par exemple, sur la gastronomie française, un sujet dont je pouvais au moins dire quelques mots susceptibles d'intéresser ces esthètes.

Ces moments précieux passés dans l'intimité de cette famille d'une catégorie sociale infiniment supérieure à la mienne m'apprirent ce que je n'étais pas, mais, malgré la gêne, ils alimentèrent aussi ma curiosité, ma boulimie de connaissances et mon désir d'évolution. Répondant patiemment à toutes mes questions, Annie m'enseigna les usages de ce monde, le sien. Ce fut le cas en particulier pour l'art de la table : position des couverts et des mains, attitude à conserver pendant le repas, gestion diplomatique de la dernière part dans un plat, posture pour consommer les veloutés et les potages, etc. Grâce à Annie, j'appris également à me sentir plus à mon aise en société.

* *
*

Après quelques mois au pays des marsupiaux, mon niveau d'anglais avait fait des bonds et je commençais à pouvoir entretenir avec mes interlocuteurs des conversations de plus de plus élaborées. Un jour, je me sentis enfin autorisé à demander :

– Annie, pourquoi fais-tu tout ça pour moi ?

– Parce que tu le mérites.

Et de m'expliquer que, lorsque nous nous étions rencontrés à la gare Saint-Lazare, elle se trouvait en Europe pour raisons médicales. En réalité, elle arrivait tout juste de Suisse, où elle avait subi une très lourde chimiothérapie pour tenter de soigner son cancer du sein.

– J'étais exténuée, mes valises pesaient des tonnes. Je n'en pouvais plus. Quand tu m'as proposé de les porter, tu ne peux pas imaginer à quel point tu m'as soulagée. Tu m'as sauvée. Je t'en serai reconnaissante à jamais.

À l'époque de mon séjour en Australie, Annie avait été opérée et elle était en rémission. Elle se croyait guérie.

C'est donc Annie qui m'a « présenté » le cancer. Je ne le savais pas encore, mais cette maladie allait désormais m'accompagner et tenir une place déterminante dans mon existence.

Pour remercier les Thomas de leur accueil, le bûcheron que j'avais été autrefois occasionnellement dans la forêt d'Aquitaine décida d'abattre un immense eucalyptus qui menaçait de s'effondrer sur le toit d'une véranda. Il m'en coûta un séjour aux urgences après qu'une branche que je venais de tronçonner et qui était suspendue au bout d'une corde tenue par Eugene fut projetée vers moi, écrabouillant ma main droite contre le tronc. Mais, comme je me le disais souvent intérieurement : « Même pas mal ! »

Après cinq semaines passées à Hilltop, il me fallut repartir pour achever ma boucle dans le Grand Est, en passant par Canberra, avant de regagner Sydney. Mon compte en banque se vidait rapidement et l'automne austral approchait. J'avais très envie de prolonger mon séjour en Australie, plus ou moins légalement, mais une autre option beaucoup plus raisonnable consistait à rentrer en Normandie pour retrouver mon poste à l'usine avant la fin de mon année sabbatique. C'était celle qui me protégerait d'un probable retour à la précarité. La sagesse l'emporta.

Je retrouvai donc ma Normandie au milieu de l'été 1993, après une parenthèse de neuf mois. Vincent le Vendéen, à qui j'avais confié la surveillance de mes comptes, me révéla que ma situation financière n'était pas aussi critique que je le pensais. Il avait ainsi volontairement « oublié » de m'informer qu'une prime de 5 000 francs m'avait été versée peu après mon départ pour l'Australie…

Cette somme me permit de louer dès mon retour une maisonnette en pierre à Saint-Germain-des-Vaux, à l'extrémité nord-ouest de la presqu'île du Cotentin, tout près de l'usine de La Hague. Dans cette région où règne une grande quiétude, je digérai paisiblement mon périple et consacrai une bonne partie de mon temps libre à la peinture. L'envie d'art – d'abord l'aquarelle, puis la ferronnerie – m'était venue progressivement après que j'eus expérimenté la peinture naïve sur céramique. Cet art empirique, pour lequel je ne disposais pas d'un immense talent naturel, me permettait de me ressourcer en paix et de m'adonner à la contemplation – tout comme, aujourd'hui encore, lorsque je peux passer trois heures sur une plage à manipuler des coquillages ou des cailloux microscopiques.

J'avais un besoin viscéral d'assouvir la créativité bouillonnante et un peu débridée qui m'habitait. À force de travail, elle commença à prendre forme à travers la reproduction d'œuvres à partir d'ouvrages d'artistes. Cette entreprise acharnée exprimait ma conviction naissante qu'un homme ne s'accomplit pas pleinement sans posséder certains fondamentaux. Pour exister, il faut être cultivé et avoir des talents. L'art était sur ma liste, le théâtre et les échecs aussi, tout comme la musique classique, l'apprentissage d'un instrument et la littérature. À dire vrai, je ne fus pas très heureux avec la musique, et quant à la littérature, Zola, par exemple, m'a toujours ennuyé et rendu triste.

Le silence et la solitude du bout du bout du Cotentin me permirent de mieux intégrer mon histoire. Dans les mois qui suivirent mon retour, je pris pleinement conscience de la dimension maïeutique de mon voyage. En écrivant ce mot, « maïeutique », je mesure le chemin parcouru. À l'adolescence, non seulement j'ignorais, bien évidemment, l'existence de ce terme, mais d'une manière générale l'étendue de mon vocabulaire était corrélée à la longueur de mon parcours scolaire. Autant dire que ma conversation était un peu courte…

Aujourd'hui, je comprends que mes expériences et mes diverses rencontres, mais aussi ces moments de silence, m'ont façonné. Comme dirait mon amie Annouche, je suis « tricoté d'eux ». L'absence de tout repère m'a contraint à m'imprégner de l'environnement et à y prélever ce qui me semblait juste et bon. C'est un peu comme si j'étais né vide et que les rencontres avec les autres et avec le monde, leur écoute, m'avaient progressivement empli, comblant mes carences.

* *
*

Tout en restant col bleu, je connus entre 1993 et 1997 une succession de promotions et gravis quelques échelons supplémentaires : technicien niveau 3, puis technicien supérieur, puis agent administratif niveau 4, etc. Chacune de ces avancées avait un doux écho au plus profond de moi-même. En 1997, je fus nommé adjoint au chef de quart d'une équipe de production de dix-sept personnes.

Le souhait de Jean Simon, exprimé neuf ans plus tôt, allait être exaucé. Pouvais-je imaginer aller plus loin que ce qu'il avait présenté comme l'ambition de toute une vie ?

Grâce à mon bon niveau d'anglais, entretenu par des cours du soir et par l'écoute intensive des stations de radio anglo-normandes, j'étais capable d'accompagner les clients étrangers en visite dans notre atelier. C'est ce qui me permit d'accéder à une fonction à vocation plus internationale et commerciale. D'autres promotions se succédèrent encore et, à trente ans, je me retrouvai finalement pour la première fois à un poste que je pouvais occuper sans avoir à quitter mes vêtements personnels. Mes nouvelles fonctions au service qualité de l'usine étaient essentiellement axées sur des vérifications de documents, d'inspections techniques et de négociations technico-commerciales. J'étais également amené à rencontrer des clients venus du monde entier.

Pour la première fois, j'avais un bureau, que je partageais avec un collègue exerçant les mêmes fonctions que moi. Je me souviens du plaisir que je ressentis lorsque je m'assis dans mon fauteuil et que je fus ébloui par la lumière qui entrait par les larges baies vitrées. Dans la salle de contrôle d'AD2, où je venais de passer près de dix ans, il n'y avait pas de fenêtre. Je perçus immédiatement le symbole :

voilà que je passais de l'ombre à la lumière, du travail de production en 24/24 à un métier plus administratif en horaires de journée.

Mon nouveau poste m'imposait souvent le port du costume. Grâce à mon salaire, je pus m'en offrir deux chez un grossiste de Tourlaville qui faisait référence dans le Nord-Cotentin. Jusqu'alors, je ne portais que des sweat-shirts, des survêtements ou des jeans, des baskets ou des chaussures bateau. Il me fallut un certain temps pour m'habituer à la sensation du pantalon de toile sur mes jambes et au parfum du cirage, dont j'enduisais désormais régulièrement mes Mephisto – lesquelles m'avaient coûté un argent fou. Sans parler du problème de la cravate… Chaque matin, je devais me livrer à d'innombrables tentatives avant d'obtenir un résultat que je jugeais acceptable devant le miroir et de pouvoir quitter mon domicile. Pendant longtemps, donc, je me sentis emprunté dans cet accoutrement endimanché. Mais je tentais de me convaincre que j'étais le seul à percevoir mon inconfort.

Je disposais aussi maintenant d'un téléphone portable professionnel et de cartes de visite sur lesquelles figurait mon titre : Assistant Relations Clients. Bien qu'un peu obscur, celui-ci accroissait ma légitimité, et je voyais bien qu'il modifiait le regard porté sur moi – suscitant la bienveillance ou l'admiration chez certains collègues, une jalousie naissante chez d'autres.

Avec tous ces changements – de fonctions, d'horaires, de lieu de travail, vestimentaires... –, j'appréhendais désormais la notion de reconnaissance sociale. Ma progression me réjouissait quand je repensais au petit garçon effrayé que j'étais, marchant sur la piste au milieu des ombres et des craquements de la nuit forestière.

* *
*

L'indigence dans laquelle j'ai vécu toute mon enfance et ma jeunesse est sans doute à l'origine de la relation particulière que j'entretiens à l'argent. Celle-ci a été structurée par les phrases que j'ai toujours entendu prononcer par ma mère, comme : « Plaie d'argent n'est pas mortelle », que je ne supportais plus à force qu'on me la serine. Je pense aujourd'hui que, à travers ce dicton populaire qu'elle-même avait sans doute entendu maintes fois dans son enfance, ma mère tentait avant tout de se rassurer.

J'étais loin d'être fortuné, et pourtant, en cette période de rapide évolution sociale, je ressentais une forme de culpabilité vis-à-vis de l'argent. Elle venait sans doute de mon angoisse à l'idée de tourner le dos aux compagnons de la catégorie dont j'étais issu, celle des pauvres. J'avais aussi le sentiment d'avoir accès à des biens immérités, normalement réservés à d'autres. Fort heureusement, l'augmentation de mes revenus fut progressive. J'eus le temps d'intégrer la notion de mérite, de comprendre qu'il n'y avait rien de mal à profiter de l'argent gagné, à désirer acquérir de belles choses ou encore à épargner pour réaliser des projets. Au fil du temps, mon rapport à l'argent s'est donc apaisé et j'ai pu lui reconnaître de belles vertus.

Rare privilège pour ceux qui sont nés indigents, à trente et un ans j'accédai à la propriété. En m'endettant pour quinze ans, j'achetai avec ma seconde épouse une charmante petite maison en pierre dans le bocage normand, à l'est de Cherbourg.

La cabane s'éloignait toujours davantage.

* *
*

Parallèlement à ces changements matériels, je me livrai à cette époque à une réflexion profonde sur moi-même, favorisée par le beau silence bas-normand qui m'environnait. J'en arrivai à la conclusion qu'un travail thérapeutique me ferait le plus grand bien. J'avais besoin d'apaiser une partie de moi trop sensible, trop violente, trop douloureuse – mon côté écorché vif. C'est quelques années plus tard que j'entamai ce long et difficile parcours introspectif. Il coïncida avec la venue au monde de mes enfants : je souhaitais tout autant clarifier ma relation à mon histoire qu'éviter d'en faire peser trop lourdement le poids sur mes précieuses têtes blondes.

Ce chemin psychothérapeutique s'étala sur plus de quinze ans, avec des interruptions plus ou moins longues. Il ne régla pas tout, mais participa à mon sauvetage. Année après année, séance après séance, il m'aida à reconnaître et à accepter mon histoire. Il retira cette pointe aiguisée qui me perçait le cœur. Il réduisit aussi cette boule de feu qui se consumait depuis toujours dans mon ventre. À présent, je pouvais l'affronter du regard et m'amuser avec elle sans risquer de trop brûler qui que ce soit, ni moi-même.

Encouragé par une nouvelle promotion, je me remis à suivre le plus grand nombre possible de formations internes en technique, en management, en informatique, en allemand, en espagnol ou encore, à nouveau, en mathématiques, multipliant les cours du soir. Ces différents programmes ne suffisaient pourtant pas à combler mes lacunes. Dans mes contacts quotidiens avec des clients ou des ingénieurs, je mesurais à quel point mon simple CAP et mon bac incomplet représentaient un handicap.

Un jour, Emmanuelle, une amie chère et brillante, spécialiste en ressources humaines, me confia qu'elle me verrait bien tenter une « formation diplômante de troisième cycle » – un master, comme on dit aujourd'hui. En effectuant quelques recherches sur Internet, j'appris que Sup de Co Le Havre proposait en formation continue un troisième cycle de gestion et management. Problème : ce cursus n'était ouvert qu'aux titulaires d'au moins un bac + 2. Avec mon bac – 3, je n'avais aucune chance.

Malgré tout, je décidai d'aller voir directement à l'École supérieure de commerce du Havre de quoi il retournait. Après plus de deux cents kilomètres au volant de ma fougueuse Renault 9, je rencontrai le directeur de l'école, qui se laissa convaincre et accepta, au vu de mon parcours professionnel atypique, de me laisser passer l'examen d'admission. C'est ainsi que, au terme de plusieurs épreuves écrites, d'un nouvel entretien avec le directeur et d'un test d'anglais par téléphone, je fus admis à intégrer l'école et me retrouvai au milieu d'adultes presque tous plus jeunes que moi.

L'obstacle financier restait encore à franchir. Le financement Fongecif m'avait été refusé, car tous les budgets annuels étaient déjà consommés. Je passai six entretiens de motivation avant d'être reçu par le directeur opérationnel du site industriel de La Hague, le remarquable Claude Jaouen, qui m'indiqua qu'il acceptait finalement qu'Areva finance mes études supérieures.

– Votre parcours m'intéresse, me dit-il. Mais, attention, il faudra aller au bout ! répéta-t-il plusieurs fois.

M. Jaouen se proposa même de me parrainer, conformément aux usages internes lorsqu'un salarié s'engage dans le processus de « passage cadre ».

Peu après mon inscription, je reçus le programme des festivités, autrement dit la liste des matières qui allaient rythmer mes soirées, mes week-ends et la totalité de mes vacances pendant les deux années suivantes : finance, gestion, jeux d'entreprise, comptabilité, ressources humaines, créativité, marketing opérationnel, communication, etc. L'un des items m'intrigua et je m'en ouvris à un ami lors d'un déjeuner.

– « Étude de marche », qu'est-ce que c'est ? lui demandai-je.

– C'est « étude de *marché* » ! me répondit-il en riant.

Aujourd'hui, les notions de marché, de segmentation, d'investissement et autres enjeux de chaîne de valeur me sont plus familières.

Le vote de la loi des trente-cinq heures représenta pour moi une formidable opportunité : mes jours de congés supplémentaires furent convertis en jours d'études supplémentaires. En 2003, j'obtins le master de l'École de management de Normandie – nouveau nom de l'École supérieure de commerce du Havre. En deux ans, j'étais passé de bac – 3 à bac + 5. Après avoir été un cas social, après avoir vécu dans l'indigence la plus totale, puis dans une pauvreté plus ou moins grande, j'entrais dans la classe moyenne par le bas.

Le jour de la remise du diplôme, je reçus un courrier d'Australie. Annie avait finalement perdu son combat. Le cancer l'avait emportée. Je fus blessé aux entrailles par cette nouvelle, et la détresse contenue de Digby que je lus entre les lignes me bouleversa.

Début 2005, en reconnaissance de ma contribution dans l'obtention d'un contrat international de plusieurs dizaines de millions d'euros, je fus de nouveau promu et rejoignis les équipes commerciales et marketing au siège d'Areva, en région parisienne. La prime de mutation que je reçus pour l'occasion me permit de concrétiser un projet que je nourrissais depuis très longtemps : celui de faire enterrer dignement mon père. Je fis part de mon idée à Line et Boule, qui participèrent au « montage financier » de l'opération.

Je me souviens parfaitement de ce 3 juin 2005, dans le coquet cimetière de Vrasville, tandis que j'attendais le marbrier. Je constatai que le petit monticule de terre sans épitaphe qui recouvrait le cercueil de mon père depuis des décennies était devenu le lieu de résidence d'une colonie d'abeilles sauvages. Je laissai mon esprit divaguer. Jusqu'où avaient-elles creusé ? Avaient-elles percé le bois ? Puis je tentai de me raisonner : les abeilles ne sont pas carnivores, tu le sais bien. Et puis il est poussière depuis longtemps. Cela fait plus de trente ans qu'il est en terre.

Je fus interrompu dans mon monologue intérieur par le marbrier, qui me demanda si j'avais réfléchi à ce que je voulais pour la sépulture de mon père. Ma réponse était prête :

– Je souhaiterais que vous me proposiez un devis en remplacement de la ruche. Une sépulture comme celle de mon oncle Émile, ou celle de mon oncle Louis, ou encore celle de ma tante Yvonne, ce serait parfait – elles sont toutes quasiment identiques. Si mon père avait la même, il y aurait une certaine harmonie, ce serait bien. Pour l'épitaphe, mon frère, ma sœur et moi avons fait notre choix. Nous aimerions que vous graviez : « On juge l'arbre à ses fruits… »

Quand j'ai appris que mon père s'était suicidé – j'étais alors préadolescent –, je suis entré dans une colère terrible contre lui. Comment avait-il pu nous faire cela ? Comment peut-on abandonner ses enfants ? Il a choisi la facilité, me disais-je, c'est un lâche. À cette rage s'ajoutait la douleur de l'absence. Il me manquait terriblement. C'est difficile de ne pas avoir de père. J'ai si souvent voulu le remplacer. Je le cherchais partout. Il me manque encore aujourd'hui et je ne rate jamais une occasion d'aller le saluer quand je me trouve en Normandie.

La solution du suicide me paraissait tellement simple que, pendant des années, j'ai conservé avec moi une arme semblable à celle qu'il avait retournée contre lui. Parfois, plus jeune, je sombrais dans une profonde tristesse qui me faisait m'interroger sur l'intérêt de ma propre existence. Dans ces moments dépressifs, j'avais moi-même des tendances suicidaires. Étaient-elles génétiques ? Je savais le fusil près de moi, il m'arrivait de le regarder. J'avais aussi quelques cartouches. La mort m'a tenté à plusieurs reprises.

Je suis maintenant apaisé. Et ravi de n'avoir pas cédé à ces appels des ténèbres. Il y a plus de dix ans, j'ai pris la décision me séparer du fusil. Avec l'argent de sa vente, je me suis offert un bel éléphant en raku. J'ai transformé ainsi l'engin de mort en un symbole de vie, de puissance – et de mémoire, éléphant oblige !

En marchant, ce jour de juin 2005, dans les allées de gravillons blancs bordées de tombes, j'ai réalisé que j'étais sur le point d'atteindre l'âge qu'avait mon père quand il est mort. À travers cette deuxième inhumation, quinze ans après mon retour en Normandie, j'achevais mon deuil en offrant à mon père le marbre gris et les lettres dorées qui l'élevaient au digne rang des « morts sépulturés ». Pardonner à mon père m'avait demandé beaucoup de temps. Mais, à compter de ce jour-là, je fus enfin prêt à l'accueillir, à comprendre qu'il s'était donné la mort pour me sauver la vie.

En juillet de cette année-là, c'est en homme libre que je quittai mon père, mes copains de l'usine, ma psychothérapeute caennaise, mes souvenirs de jeune papa et ma maison normande pour migrer en région parisienne avec mon épouse et nos deux enfants.

L'accord passé avec Areva lorsque j'étais entré à l'école de commerce fut respecté à la lettre : avant même la remise de mon diplôme, je fus promu cadre, consécration suprême dans notre pays. Au-delà de ce nouveau statut et de mon titre de « chef de projet », cette reconnaissance eut surtout pour effet de regonfler ma confiance en mes propres capacités.

Rien ne m'a jamais semblé plus difficile à conquérir que la confiance. Elle ne s'est ancrée en moi que très lentement, par étapes. Parfois, je sentais qu'elle m'habitait, puis elle paraissait soudain s'évaporer, comme si elle n'avait pas pu s'arrimer à quelque chose de plus profond ou de plus robuste en moi. Parce que je l'ai encouragée, que j'ai cru qu'elle pouvait devenir mienne, que j'ai cherché à lui procurer des opportunités, parce que, aussi, j'ai été moi-même soutenu, elle a saisi sa chance, est allée plus loin et s'est fondue dans mon être. Maintenant, je la sens présente partout en moi, elle me densifie. Elle m'est désormais acquise. Cela ne veut absolument pas dire que je ne doute pas, mais j'ai le sentiment qu'elle ne me quittera plus. La confiance est comme la chance, elle a besoin de temps pour advenir.

Au siège d'Areva, à Vélizy, mon bureau se trouvait au sixième étage, à deux portes de celui du grand patron du développement commercial. Le site était très différent de l'environnement industriel que je venais de quitter. Alors que l'usine de La Hague était essentiellement peuplée d'ouvriers et de techniciens, avec environ 10 % de cadres, au siège tout le monde semblait sorti d'une grande école. J'ai d'ailleurs longtemps eu l'impression qu'ils étaient bien conscients que ce n'était pas mon cas. Tous paraissaient si confiants, si sûrs d'eux-mêmes. C'est parfois douloureux et inconfortable d'être un autodidacte dans notre pays.

Comme le disait un consultant que j'entendis intervenir un jour, selon le Larousse un cadre est une « bordure rigide limitant » quelque chose. On n'aurait pu trouver mieux pour définir ce statut si français qui a la particularité, du simple fait de son existence, de diviser les salariés d'une entreprise. Je l'ai ressenti très fortement quand j'évoluais au milieu des « non-cadres » : il y régnait parfois une stigmatisation de ceux qui l'étaient, fréquemment empreinte de jalousie, de malveillance ou même d'agressivité. À l'usine de La Hague, où j'ai passé plus de quinze ans, les badges individuels d'accès au site étaient orange pour les « non-cadres » et rouges pour les « cadres ». Ou comment créer de belles et coûteuses logiques de territoires…

Peu après être devenu cadre, donc, je me suis rendu compte que la stigmatisation existait aussi de ce côté-là, plutôt chargée d'indifférence, parfois de mépris, à l'égard des non-cadres. Si j'avais été DRH, j'aurais instauré des badges bleu ciel pour tout le monde ; cela aurait rafraîchi les esprits. Car, après tout, qu'importent ces catégories : face à la complexité sans cesse croissante de notre monde, seule l'intelligence collective semble être en mesure d'apporter quelques solutions.

Quoi qu'il en soit, la transition entre les cols bleus de l'usine normande et les cols blancs du siège ne fut pas anodine. Je me sentais à la fois là et ailleurs. Je me souviens d'avoir entendu un collègue juriste plaisanter sur le « complexe du provincial ». Peut-être voyait-il juste dans mon cas ! Heureusement, avec mon ancienneté dans le groupe, je m'étais fait de bons amis parmi mes collègues et trouvai rapidement mes marques.

Dans ma remontée des abysses, je franchis incontestablement un nouveau palier en arrivant au siège d'Areva. En dix-neuf années, j'étais donc passé de balayeur à cadre, après avoir gravi un à un les échelons et connu toutes les strates des entreprises.

J'ai connu d'autres sièges de société depuis celui d'Areva à Vélizy. C'est vrai qu'il y règne souvent une ambiance particulière, empreinte de gravité. L'atmosphère y est chargée de particules lourdes. L'énergie de la vie et le rire y semblent parfois interdits. C'est un peu comme si, là, les mots pesaient plus qu'ailleurs, comme en politique, ou le manque d'humilité me choque aussi parfois. Au-delà des tempéraments et des personnes, la nature des expériences et des tâches à effectuer joue probablement un rôle. Les activités où l'on implique le corps produisent, je crois, des effets différents de celles qui ne mobilisent que l'esprit. Quand on est physiquement vulnérable et dépendant, l'attention à l'autre s'élève. Quand il faut revêtir une tenue spéciale pour entrer dans des zones contaminées et veiller sur un collègue jusqu'à ce qu'il termine son intervention, souvent délicate, des liens très spécifiques se créent. C'est un peu comme en plongée sous-marine, où l'on doit pouvoir compter sur l'oxygène du partenaire en cas de problème avec sa propre bouteille.

L'expérience du terrain a du bon ; elle devrait précéder l'accession aux fonctions managériales.

* *
*

Ma rencontre avec la radio-immunothérapie s'est produite avant mon arrivée en région parisienne, de façon totalement inattendue. Elle allait changer ma vie et celle de bien d'autres par la suite.

En 2001, en contrepartie du financement de mon master, mon responsable hiérarchique me demanda de choisir le thème de mon mémoire de fin d'études. Il me fit quelques propositions – les relations syndicales au sein de l'entreprise, les problématiques de performances industrielles et de gestion… –, mais c'est sur un autre sujet que je décidai de plancher : l'identification de niches qui permettraient de créer des activités innovantes pour l'usine de La Hague. Après plusieurs mois – assez frustrants – de recherches, de réflexion, et des heures de réunions, je choisis de me concentrer sur le domaine médical, dans lequel les compétences nucléaires historiques d'Areva pouvaient peut-être contribuer à des avancées.

Intuitivement, un nucléaire médical issu de La Hague me paraissait réaliste, mais tout restait à inventer. À l'époque, une telle innovation n'avait rien d'évident pour la direction d'Areva. Une petite enquête effectuée auprès d'une dizaine de dirigeants de la société avait d'ailleurs révélé qu'ils n'étaient favorables qu'à une faible majorité au développement d'activités médicales dans le groupe.

Je connus à cette époque l'« angoisse de la feuille blanche ». J'avais bien quelques pistes, mais rien de concret. Je passais des journées entières à errer sur la Toile en quête d'informations dont je ne savais que faire. Les heures passées dans le petit bureau aimablement mis à ma disposition par la chambre de commerce et d'industrie de Cherbourg, où travaillait mon épouse, s'accumulaient sans qu'aucune idée ne surgisse.

Malgré tout, je ne renonçai pas. Il y avait en moi une forme d'acharnement, une pugnacité qui me faisait croire et espérer à l'impossible. Je crois que cette capacité de mobilisation avait un lien direct avec mes expériences passées : en effet, pendant mes jeunes années, la haine et la violence m'avaient conduit à transformer l'énergie que l'on dédie normalement à la croissance en énergie de la survivance. Cette énergie-là est sans limites, mais elle n'est ni très saine ni vraiment durable. Idéalement, un jour arrive où l'énergie de la survie, épuisée, se retire et libère, dans la douleur, un espace où peut s'exprimer enfin la si belle énergie de la vie. C'est cette transition qui s'opère en moi depuis quelques années. Je suis heureux d'avoir été patient, pour une fois.

* *
*

Alors que l'enthousiasme commençait à céder la place au doute et au découragement, que j'étais sur le point de me déclarer finalement incapable de produire le mémoire qui me permettrait de décrocher cet improbable master, le déclic eut lieu. Au hasard de mes recherches, je découvris l'existence de la radio-immunothérapie alpha, une approche révolutionnaire et prometteuse de lutte contre le cancer.

Imaginé dans les années 1960, ce traitement de médecine nucléaire consiste à administrer aux patients un agent transporteur sur lequel sont collés quelques atomes de métal radioactif appelés « émetteurs alpha ». Le transporteur est capable de reconnaître et de cibler très précisément les cellules malades grâce à leurs propres antigènes. Une fois qu'il est arrimé aux cellules malades, l'énergie des « métaux alpha » les détruit tout en épargnant les cellules saines. Ces radioéléments très puissants ont la particularité d'avoir un minuscule rayon d'action : ils ne bombardent que la cellule cancéreuse visée et ne touchent que quelques rangs de cellules autour d'elle. *A contrario*, bien que souvent très efficaces pour combattre la maladie, la plupart des autres traitements de chimiothérapie, de radiothérapie ou de curiethérapie ont l'inconvénient d'avoir aussi un impact sur les cellules saines proches des cellules cancéreuses ciblées.

Pour simplifier, on pourrait dire que la radio-immunothérapie alpha est l'association d'une tête chercheuse infaillible et d'une roquette surpuissante dont la charge explosive aurait un rayon d'action infiniment petit. Au cours des dernières décennies, partout dans le monde, des équipes de scientifiques ont concentré leurs efforts sur la mise au point de traitements de radio-immunothérapie utilisant des métaux tels que l'astate, le radium ou encore le bismuth.

Mais il y avait un hic. Personne ne savait véritablement extraire et purifier ces métaux radioactifs extrêmement rares, ni les produire en quantités suffisantes et à un coût qui resterait supportable pour nos systèmes de santé. Obtenus essentiellement par la transformation radioactive naturelle de métaux rares tel le thorium, aucun gisement important et suffisamment concentré n'était connu des hommes. La radio-immunothérapie alpha était-elle donc condamnée à ne rester qu'une belle promesse non tenue ?

Je n'avais bien sûr jamais entendu parler de cette nouvelle voie thérapeutique avant de m'intéresser aux sujets médicaux pour mon mémoire. Les radioéléments alpha aux noms un peu barbares dont il était question ne me disaient rien. Jusqu'au moment où j'eus soudain une révélation en posant mes yeux fatigués sur un site Web allemand. On y évoquait le bismuth 213, un métal radioactif très rare utilisé dans la recherche contre le cancer.

Le bismuth 213 ? ! Je me sentis soudain gagné par une grande excitation. Où avais-je entendu citer ce nom ? Bien sûr, c'était à La Hague. À La Hague, d'accord, mais où exactement ? Tout à coup remonta du fond de ma mémoire le souvenir d'une rencontre. C'était six ou sept ans auparavant, à l'époque où j'étais technicien qualité à l'usine. Ma mission consistait à vérifier la conformité des dossiers qualité concernant des conteneurs de résidus radioactifs vitrifiés avant de les expédier aux clients. Ces dossiers complexes contenaient des milliers de données. L'une d'entre elles était relative à la quantité de bismuth 213 dans la matrice vitreuse. J'en étais désormais certain : on trouvait des traces de bismuth 213 dans les conteneurs de résidus radioactifs. La suite de mes recherches m'apprit que, dans le monde entier, seul l'Institut européen des transuraniens, basé à Karlsruhe, en Allemagne, produisait ce radioélément si fondamental pour la recherche de nouveaux traitements contre le cancer. La France était donc obligée de l'importer. Et si nous tentions de l'extraire de notre usine en France ? Et si Areva approvisionnait la communauté scientifique ?

Eurêka !

* *
*

Quelques semaines plus tard, grâce aux travaux de Gilbert Andreoletti, un brillant expert en radiochimie qui exerçait ses talents dans l'un des laboratoires d'analyse du complexe industriel, j'obtins la confirmation que l'on trouvait du bismuth 213 à certaines étapes du procédé chimique de l'usine. Toutefois, il était présent en faible quantité et serait sans doute difficile à extraire.

Qu'à cela ne tienne ! Un travail exhaustif sur la présence à La Hague de métaux radioactifs compatibles avec des applications radioimmunothérapeutiques nous permit d'identifier un autre isotope potentiellement plus intéressant encore, car présent en plus grandes quantités : le plomb 212. Le plomb 212 avait déjà été testé par des chercheurs américains pour traiter certains cancers, tels les mélanomes ou le cancer du pancréas. Cependant, sa très faible disponibilité à travers le monde freinait là aussi les avancées médicales. À l'insu de tous, le groupe Areva disposait donc d'un gisement unique de plomb 212 qui pouvait potentiellement révolutionner la recherche en radio-immunothérapie.

Sans avoir encore le moindre budget, nous avons décidé de lancer une première expérience, dirigée par Gilbert. L'objectif était simple : démontrer notre capacité à extraire le rarissime plomb de nos procédés.

L'expérience fut un succès. Mais, avant d'en venir à tout ce qu'elle a déclenché, une petite parenthèse historique s'impose pour mieux comprendre en quoi consiste cette voie thérapeutique.

* *
*

Entre 1957 et 1971, dans l'usine du Bouchet, située à une quarantaine de kilomètres au sud de Paris, des pionniers du Commissariat à l'énergie atomique donnèrent naissance à la filière industrielle nucléaire française à partir d'un minerai appelé urano-thorianite. Ce mélange naturel rocheux composé d'uranium et de thorium provenait notamment de mines de Madagascar. Un procédé chimique permettait de séparer les deux éléments.

Plusieurs milliers de tonnes d'urano-thorianites furent ainsi traitées au Bouchet. L'uranium fut aussitôt utilisé pour fabriquer le combustible qui allait alimenter les centrales de production d'électricité, tandis que le thorium qui en avait été séparé fut soigneusement conservé. Ce stock de thorium fut « attribué » à la Cogema, ancêtre d'Areva, lorsqu'elle vit le jour en 1976. Une véritable aubaine, puisque, avec le temps, le plomb 212 se forme naturellement dans le thorium. Sans le savoir, ce sont donc les formidables concepteurs et exploitants de l'usine du Bouchet qui ont rendu possibles les avancées de la radio-immunothérapie au plomb 212. Jusqu'à l'émergence de notre idée, personne n'en avait conscience.

C'est à un autre pionnier que l'on doit la seconde composante de la radio-immunothérapie, celle qui permet de détecter les cellules cancéreuses. Pour de nombreux scientifiques, l'Allemand Paul Ehrlich est le père des thérapies ciblées. Il fut en effet le premier, dès 1890, à introduire le concept de « *magic bullet* », qui consisterait à administrer aux patients une arme thérapeutique capable de cibler et détruire les cellules malades. En 1915, Paul Ehrlich s'éteignit à l'âge de soixante et un ans, sept ans après avoir reçu le prix Nobel pour son travail sur le système immunitaire. Presque un siècle de recherches et des milliards de dollars d'investissements plus tard, les premiers « anticorps monoclonaux » démontrent aujourd'hui leur efficacité thérapeutique pour le traitement ciblé de cellules cancéreuses, notamment dans le cas du cancer du sein.

Parallèlement aux recherches sur les anticorps, les progrès réalisés en biophysique et en biotechnologie conduisirent à la mise au point de petites pinces moléculaires, les chélatants, permettant de « coller » sur ces anticorps, parfois utilisés comme transporteurs, des nanogrammes de métaux radioactifs. Grâce à ces couplages « anticorps monoclonaux/radioisotopes », on put développer des traitements ciblés capables de détecter les cellules cancéreuses et de les détruire grâce à l'énergie des radioéléments. C'est ainsi que la radioimmunothérapie vit le jour, avec une efficacité thérapeutique démontrée.

Dix ans après les premiers essais cliniques menés sur les patients, en 2002, l'agence fédérale de la santé publique américaine (Food and Drug Administration – FDA) autorisa la commercialisation des premiers traitements dits de « radio-immunothérapie bêta », utilisant la radioactivité naturelle de l'yttrium et de l'iode, destinés aux cancers du système lymphatique (lymphomes non hodgkiniens). La « radio-immunothérapie alpha », elle, utilise l'énergie de certains métaux alpha (α), mille fois supérieure à celle des métaux bêta (ß), même si le principe est identique dans les deux cas : il s'agit toujours d'associer un « transporteur » à quelques atomes de métal radioactif pour détruire les cellules cancéreuses.

* *
*

Finalement, ma véritable contribution fut d'envisager qu'Areva puisse transformer certaines de ses matières ou certains de ses déchets radioactifs en médicaments contre le cancer, et d'établir un lien entre les métaux α présents dans l'usine de La Hague et la radio-immunothérapie. La détermination de quelques hommes au départ, puis un nombre sans cesse croissant d'employés, de dirigeants et de partenaires du groupe firent le reste.

En 2005, les résultats de nos premiers essais pour extraire et purifier du plomb 212 furent présentés au responsable du département Recherche et Développement d'Areva, et une première enveloppe de 100 000 euros nous fut allouée. Elle nous permit de lancer une étude d'ingénierie plus vaste qui conclut à la présence significative de plomb 212 sur plusieurs sites industriels du groupe.

Parallèlement, nous nous efforcions d'identifier les pôles d'expertise en radio-immunothérapie à travers le monde. Une convention fut même signée avec l'Institut national de la santé et de la recherche médicale (Inserm) et, enthousiastes, nous avons offert quelques nanogrammes de thorium aux scientifiques afin que soient évaluées la qualité et l'efficacité thérapeutique de notre plomb 212.

Malheureusement, l'excitation laissa rapidement la place à la frustration. Malgré leurs formidables compétences scientifiques, nos interlocuteurs manquaient cruellement de moyens. Je m'en rendis compte *de visu* en visitant un laboratoire de recherche dans l'ouest de la France : locaux exigus, équipements informatiques d'un autre temps… De plus, accaparés par une quantité incroyable de tâches médicales, scientifiques, pédagogiques, administratives, et sans l'aide du moindre secrétariat, ces experts français semblaient être dans l'incapacité de répondre à nos demandes dans des délais raisonnables.

Nous avons donc décidé en 2007 de délocaliser la partie scientifique de notre projet dans le pays le plus puissant en matière de recherche contre le cancer : les États-Unis. Le professeur Martin Brechbiel, grand expert mondial en radio-immunothérapie, conduisait ses recherches sur le campus du National Cancer Institute (NCI), basé à Bethesda, dans la banlieue de Washington DC. Cet institut public était doté d'un budget annuel d'environ 4 milliards de dollars, soit six à sept fois plus que le budget de l'Inserm, dont la dotation avoisinait alors les 600 millions d'euros par an, toutes pathologies confondues. Les experts américains répondaient à nos e-mails dans un délai qui ne dépassait jamais quelques heures. Non seulement ils en avaient les moyens, mais leur désir de travailler avec nous était évident. Et puis le rapport au temps est très différent au pays du billet vert : la réactivité y est indispensable, génétique, et nulle part ailleurs la célèbre maxime selon laquelle « le temps, c'est de l'argent » n'est autant prise à la lettre.

La rencontre avec le professeur Brechbiel et son équipe déboucha sur la signature d'un accord de coopération et de recherche entre le NCI et Areva à la mi-2008. Traduction concrète : quelques nanogrammes de notre plomb 212 furent immédiatement livrés dans les laboratoires américains du NCI. Un peu plus tard dans la journée, j'obtins les résultats des premiers essais, qui confirmaient sa grande pureté et sa compatibilité pour un usage médical. Je réveillai immédiatement mes collègues français pour partager avec eux la formidable nouvelle.

Un immense chantier nous faisait face : participer au combat planétaire contre la maladie.

* *
*

L'idée issue de mon mémoire de fin de master, qui avait peu convaincu les dirigeants d'Areva à l'origine, finit par faire son chemin dans leur esprit, et quelques-uns d'entre eux se disaient désormais prêts à la soutenir. À l'automne 2005, lors du premier Challenge mondial d'innovation et de développement durable organisé par Areva à Istanbul, le jury, composé de dirigeants internes et externes, sélectionna notre projet parmi plus de deux cent vingt autres venus du monde entier. Après deux années de travail mené en parallèle de nos fonctions, cette récompense lui conférait la visibilité qui lui manquait jusqu'alors.

À la fin de la cérémonie de remise des prix, je fus abordé par Jacques Besnainou, l'un des grands patrons du groupe, que je ne connaissais que de nom.

– Votre projet m'intéresse ! me dit-il. J'aimerais beaucoup que vous veniez me le présenter personnellement quand nous serons de retour à Paris.

Quelques jours plus tard, au siège de Vélizy, je déroulai ma présentation face à cet homme, responsable d'un secteur représentant près d'un millier de salariés et générant un chiffre d'affaires de plusieurs milliards d'euros. Il m'interrompit soudain :

– Très bien, Patrick, mais si c'était votre propre société, que feriez-vous maintenant ?

Décontenancé, je lui fis répéter sa question.

– Oui, si c'était *votre* entreprise, que feriez-vous ?

Je lui exposai alors notre stratégie : conduire une étude mondiale sur le marché de la radio-immunothérapie pour identifier les pôles d'expertise et les acteurs clés, lancer un programme de R&D pour valider notre capacité à extraire le radioélément, puis...

– D'accord, allez-y ! me coupa-t-il.

Cette fois, je lui répondis du tac au tac :

– Entendu, monsieur. Dans quatre jours, je reviendrai vous voir avec des objectifs formalisés et une demande de budget.

Je tins parole, et Jacques Besnainou accepta de débloquer les fonds que je sollicitais. En guise de conclusion à notre entretien, il me lança :

– Allez-y ! À partir de maintenant, vous travaillez à plein temps sur ce dossier. J'en parlerai avec votre directeur. Mais dans six mois vous reviendrez dans ce bureau avec une faisabilité technique et un business plan !

En une heure de temps, je venais d'être officiellement propulsé à la tête d'un projet dont l'objectif était de démontrer notre capacité à fournir aux scientifiques le plomb 212 qui leur faisait défaut. Quelques semaines plus tard, soutenu par plusieurs dirigeants du groupe, dont Claude Jaouen à nouveau, Philippe Knoche ou encore Jacques Besnainou, j'obtenais un budget d'un million d'euros pour lancer ces travaux et confirmer la faisabilité technique de nos hypothèses.

Au bout de six mois, grâce à l'aide d'une équipe exceptionnelle de techniciens et d'experts, nous avions déposé deux brevets, effectué notre enquête mondiale d'identification des pôles d'expertise et lancé les premières études de faisabilité pour la construction d'une unité pré-industrielle de production de plomb 212. Le moment était venu de nous tourner vers le comité exécutif d'Areva pour lui demander de nouvelles ressources.

La conversation téléphonique avec la secrétaire de la présidence ne dura que quelques secondes :

– Le 10 février, à 10 heures, vous aurez trente minutes pour présenter votre projet au comité exécutif. C'est possible ? Vous serez prêt ?

Le Comex, c'est un peu le saint des saints d'Areva, le centre névralgique de cette immense entreprise, là où toutes les décisions stratégiques se prennent. Rares sont les employés de mon rang qui y sont invités. Quant aux cols bleus, ils n'y pénètrent en aucun cas. Jamais je n'aurais imaginé y avoir accès un jour. J'en ai même ignoré l'existence pendant plus de quinze ans.

À l'époque, le siège du groupe était situé au dernier étage d'un somptueux immeuble Art déco de la rue La Fayette, au cœur de Paris.

La « salle du Comex » était une pièce majestueuse, tout en longueur. C'est autour de l'immense table entourée de fauteuils design que s'assoient chaque semaine les vingt plus hauts dirigeants du groupe pour la réunion du comité.

Ce 10 février 2007, j'attends nerveusement mon tour dans l'antichambre, conscient que l'avenir de notre projet se jouera là, dans quelques minutes. En entrant dans la grande salle, je remarque immédiatement le fauteuil tournant le dos à la porte, où est assise la présidente, Anne Lauvergeon, ingénieur du corps des Mines. Autour d'elle sont représentées toutes les plus grandes écoles françaises : Polytechnique, Centrale, Normale... Pour moi qui n'ai longtemps eu en poche qu'un CAP, une telle concentration de matière grise avait de quoi impressionner.

La voix d'un inconnu interrompt sèchement mes réflexions :

– Vous avez vingt minutes.

Et moi qui pensais en avoir trente... Mais je reste de marbre.

À peine ai-je commencé à faire défiler les *slides* de ma présentation PowerPoint que je suis coupé par une question. Puis vient la mitraille. Les questions s'enchaînent, sans relâche. Je me sens comme face à une horde de journalistes nerveux. Tout y passe : les aspects techniques, scientifiques, stratégiques, financiers, bien entendu, les questions de propriété intellectuelle, les enjeux et les risques internationaux…

Je sors rincé de cet essorage à grande vitesse. Mais qu'importe : la présidente et son comité allouent la moitié du budget que j'étais venu réclamer, soit plusieurs millions d'euros. Compte tenu des incertitudes d'alors et à l'échelle de notre projet, c'est une somme mirifique. En quittant la salle du Comex, j'ai le sentiment qu'une partie de poker vient de s'achever en ma faveur. Areva a mis quelques millions sur la table pour voir nos cartes.

Areva Med est né.

* *
*

C'est probablement à cause de mon ignorance et de ma candeur que j'ai pu imaginer ce que personne d'autre à La Hague n'avait envisagé auparavant. Peut-être aussi mon instinct de survie et ma persévérance m'ont-ils permis d'aller, avec Gilbert et quelques autres, au bout de cette idée.

Au départ, à quelques rares exceptions près, nul ne croyait vraiment en notre projet. Certains malveillants ne se gênèrent pas pour réagir par le sarcasme lorsque je commençai à exposer ma vision : « S'il y avait moyen de faire quelque chose dans le médical avec les matières de La Hague, nous le saurions : nous travaillons sur ces produits depuis trente ans ! » Un autre, haut dirigeant d'un grand institut de recherche médicale à qui j'avais demandé conseil, me dit d'un ton péremptoire : « Ça ne marchera jamais ! »

En interne, le soutien était quasi inexistant. Un cadre du groupe compara notre idée à la « danseuse » d'un ancien directeur de la recherche et du développement dont il se souvenait. On s'empressa aussi de me rapporter qu'un collègue m'avait qualifié d'« illuminé ». Et que dire de ce responsable qui me demanda de ne pas consacrer plus de 1 % de mon temps au projet ?

Il faut admettre que notre vision était en rupture totale avec tout ce qu'avait été Areva jusqu'alors. Elle impliquait une véritable révolution. Au-delà de leur aspect technique, nos innovations bousculaient l'entreprise elle-même. Passer de l'énergie nucléaire à la médecine nucléaire et de l'infiniment grand à l'infiniment petit représentait un challenge considérable. Alors qu'Areva s'était spécialisé dans la manipulation de masses et de volumes énormes, la construction d'unités industrielles gigantesques, le transport de composants pesant des dizaines ou des centaines de tonnes, il s'agissait désormais de transporter le plus vite possible des milliardièmes de grammes de plomb 212 à vocation thérapeutique. Et puis je m'interrogeais parfois : l'idée de confier de telles ressources à un petit ouvrier sorti du rang ne donnait-elle pas des sueurs froides à quelques dirigeants ?

Les critiques, les moqueries et les résistances ne nous découragèrent pas. Nous formions désormais un trio, avec Gilbert Andreoletti et Patrick Maquaire – un génial technicien que nous venions d'associer à notre projet –, et nous étions convaincus du potentiel de notre idée. Mais la détermination ne suffit pas toujours. Sans budget au moment du lancement de nos travaux, il nous fallait pourtant bien payer les heures supplémentaires que faisaient les techniciens pour réaliser nos premiers travaux. Nous avons donc été obligés de désobéir : c'est l'un de nos clients qui, à son insu, a financé quelques-unes de nos analyses. Se peut-il que mon passé d'insoumission ait lui aussi un peu compté dans l'équation… ?

Le succès final de notre entreprise tient probablement, je dois l'admettre, à cette petite entorse au règlement. Celle-ci me donna bien des états d'âme, mais je savais aussi que le projet était condamné si nous devions attendre toutes les autorisations nécessaires pour démarrer. Il fallait aller le plus vite possible ; le temps jouait contre nous. La lourdeur et la lenteur des processus décisionnels peuvent parfois coûter beaucoup aux grandes organisations.

* *
*

À compter de début 2006, je commençai donc à travailler à plein temps sur le projet. J'en avais désormais la responsabilité et l'avais baptisé TAO (Thorium d'Areva pour l'Oncologie), en référence à la philosophie de Lao-tseu qui m'était si chère. La mise en route de TAO ne m'a conduit à renier aucune des valeurs ayant servi de socle à mon développement personnel et à mon évolution professionnelle. Bien sûr, je traitais des sujets d'une complexité et d'une diversité inédites pour moi, mais ma détermination était identique à celle qui m'animait quand j'arpentais les couloirs de l'arsenal de Cherbourg mon aspirateur sous le bras, et je vouais aux personnes qui m'entouraient le respect et la bienveillance de toujours.

Soutenus par une équipe qui ne cessait de s'élargir, nous nous sommes lancés dans la conception et la construction du pilote pré-industriel qui allait nous permettre de produire les quantités de plomb 212 dont les scientifiques et les médecins auraient besoin pour les programmes d'essais précliniques que j'avais en tête. Plusieurs scientifiques américains avaient déjà testé le plomb 212 en phase préclinique et noté des résultats époustouflants. L'une des premières études avait été publiée en 2005 dans la revue *Clinical Cancer Research* : des souris atteintes de mélanome, un redoutable cancer de la peau, avaient été séparées en deux groupes, l'un traité au plomb 212, l'autre pas. L'étude montrait que toutes les souris non traitées mouraient en une douzaine de jours, tandis que 47 % de celles traitées par radio-immunothérapie au plomb 212 étaient toujours en vie six mois après le début du traitement.

D'une manière générale, les progrès de la radio-immunothérapie alpha étaient remarquables. Partout dans le monde, de Sydney à Seattle, de Nantes à Montpellier, de Göteborg à Karlsruhe, des équipes scientifiques travaillaient sur le sujet. De plus en plus de types différents de cancer étaient visés. La radio-immunothérapie alpha n'était plus un mythe. Les recherches s'orientaient notamment vers « notre » plomb. Areva disposait d'une source quasi illimitée, et nous avions développé des procédés chimiques permettant de l'extraire, de le transformer en un médicament anticancéreux et de le livrer n'importe où sur la planète.

À l'été 2007, afin de mettre sur pied des partenariats scientifiques aux États-Unis, où les recherches avançaient toujours plus vite, Areva m'expatria avec femme et enfants à Bethesda, dans le Maryland, tout près de Washington DC. Là se trouvaient non seulement le siège américain d'Areva, mais aussi le campus du National Institute of Health et du National Cancer Institute des États-Unis.

Peu après mon arrivée à Washington, j'assistai, frigorifié, avec des millions d'autres personnes, à un événement historique : la première cérémonie d'investiture du président Obama.

Le courriel arriva dans ma boîte le 25 novembre 2009 à 7 heures 07 exactement. Le nom de l'expéditeur m'était inconnu, mais mon regard fut immédiatement attiré par l'objet du message : « Pb 212 ».

Monsieur,

Je me permets de vous contacter afin d'obtenir plus d'informations sur le projet TAO et sur la radio-immunothérapie alpha au plomb 212.

J'habite en France, j'ai 28 ans et je suis atteinte d'un cancer ovarien depuis près de 3 ans. Je suis suivie à Lyon, les chimiothérapies s'enchaînent mais ne me guérissent pas. J'en suis au sixième traitement par chimiothérapie et j'ai déjà subi deux opérations (ablation des ovaires, de l'utérus). C'est le système digestif qui est touché dorénavant. À certains moments, je perds vraiment espoir.

J'ai entendu parler du projet Pb 212 d'Areva au journal de 20 heures sur TF1 et il a immédiatement résonné comme un message d'espoir. Aurons-nous la chance de voir arriver ce traitement en essai en France dès 2010 ? À quels critères faut-il répondre pour y participer ?

Je suis désolée de vous importuner et j'espère que vous m'aiguillerez vers la bonne personne si jamais ce n'était pas vous.

Merci d'avance et sincères salutations.

Amélie

Je n'ai jamais rencontré Amélie, mais j'ai été profondément bouleversé par son message. Quand elle m'a contacté, notre projet n'était encore qu'au stade des essais précliniques. Nous attendions le feu vert de la Food and Drug Administration pour passer aux essais cliniques. Ces procédures sont toujours très lentes, pour d'évidentes raisons techniques et de santé publique.

Ce jour de novembre 2009, avec la plus grande prudence, la plus grande humilité et aussi chaleureusement que possible, j'informai Amélie de l'état d'avancement de nos travaux. Nous n'étions pas encore prêts. Par la suite, régulièrement, au fil de son chemin clinique, elle me donnait de ses nouvelles. Elle m'envoya même son dossier médical complet. Je lui fis la promesse que, le moment venu, je le soumettrais à nos experts afin de valider son éligibilité à nos essais, et je le posai en évidence sur mon bureau.

Quatorze mois plus tard, nous étions enfin prêts à lancer nos premiers essais sur les patients. Je prévins immédiatement Amélie. Mon e-mail resta sans réponse. Ce silence me hanta pendant des jours. J'appris plus tard que nous avions été trop lents pour elle. Son dossier demeura sur mon bureau pendant des mois.

Je n'oublierai jamais Amélie. Pas plus que cette dame qui écrivit en objet de son e-mail « Vous êtes mon dernier espoir », en nous suppliant de traiter son fils et son époux, tous deux atteints d'un cancer du pancréas. Ou encore cette patiente qui réussit, je ne sais comment, à se procurer mon numéro de téléphone portable et qui me contacta directement pour savoir si son cancer pouvait être soigné par la radio-immunothérapie au plomb 212.

Il arrive souvent aussi que des gens viennent à ma rencontre après une intervention lors de conférences. En janvier 2011, à Charlotte, en Caroline du Nord, tandis que je me rasseyais dans le public après avoir fait un exposé sur l'innovation et la radio-immunothérapie, je sentis une main puissante peser sur mon épaule. Une voix émue me susurra à l'oreille :

– C'est vraiment formidable ce que vous faites.

En me retournant, je découvris un grand gaillard d'une cinquantaine d'années au visage doux, les yeux brillants. Il m'enlaça et répéta :

– C'est formidable ce que vous faites. Il faut continuer. J'avais une petite fille de six ans… Elle est morte… Elle a été tuée par le cancer.

Lors d'une autre conférence, à Miami, j'ai été abordé par le général Colin Powell, héros de la première guerre du Golfe et héros tout court aux États-Unis. Il intervenait juste après moi et m'interpella tandis que je quittais l'estrade. Hilare, il me réprimanda sur le ton de la plaisanterie : nous n'étions pas assez rapides ! Il avait bien écouté ma présentation. Il nourrissait de grands espoirs. Mais il fallait aller plus vite, beaucoup plus vite. Et il m'apprit qu'il était lui-même un patient. Son humour face à l'adversité m'a frappé.

* *
*

À force de recevoir des messages de patients désespérés qui souhaitaient savoir s'ils pourraient avoir accès au traitement, nous avons fini par créer un fichier informatique afin de les répertorier. Dès que nous avons commencé les essais cliniques, nous avons contacté les patients un par un. La moitié d'entre eux étaient déjà décédés.

La perte de « nos » patients était d'autant plus dure à vivre qu'elle s'ajoutait à des drames plus personnels. Des proches, des membres de ma famille, des amis – y compris certains de mes « sauveurs » du Sud-Ouest –, des collègues furent eux aussi frappés par la maladie. Personne n'est épargné. Je savais que nous avancions à grands pas. Je savais que nous étions sur le point de développer des traitements dont ils pourraient peut-être bénéficier un jour. Mais, en attendant les résultats scientifiques et les publications, je m'interdisais de leur donner de faux espoirs. Il me fallait me rendre à l'évidence : jamais nous n'irions aussi vite que je le souhaitais.

Le temps est tellement précieux. La vie est si fragile, si éphémère. Cette conscience aiguë du temps qui passe est probablement née de mon exposition précoce à la mort. Ces traumatismes répétés de mon enfance ont généré en moi, je crois, une forte résistance à la douleur et accru considérablement ma capacité à profiter du quotidien. Comment aurais-je pu faire face à la détresse des patients sans avoir moi-même été confronté au pire ? Comment aurais-je pu répondre à leurs messages de façon pertinente sans avoir suivi une psychothérapie puis, dans la continuité de ce travail sur moi-même, enchaîné les formations et les diplômes dans ce domaine ? Je pense notamment aux formations de Gestalt thérapeute que j'ai suivies aux États-Unis et en France. Et je crois que j'aurais aussi aimé faire médecine.

Mon entourage me le reproche souvent : j'ai tendance à ne m'attarder que sur les problèmes graves, ceux qui revêtent de l'importance à mes yeux. Bien sûr, je me préoccupe aussi des petites difficultés du quotidien, mais, systématiquement, je les relativise. Aussi déplaisant que cela puisse être pour ceux qui partagent ma vie, mon cadre de référence a été fortement déformé par mon enfance. Il me semble que je le vis mieux aujourd'hui. Cependant, malgré toutes mes précautions, j'ai bien peur de ne pas être toujours très adroit avec les miens.

Je ne parvenais donc pas à me défaire de cette immense frustration : nous progressions sans cesse, mais toujours trop lentement à mon goût. Aidé par mon travail thérapeutique, je commençai toutefois à mieux maîtriser, avec plus de lucidité, les émotions qui m'envahissaient au contact des patients. Ces efforts pour me « désensibiliser » étaient beaucoup plus conscients qu'autrefois, et je compris que cette faculté avait joué un rôle majeur dans ma capacité à survivre à la cabane.

* *
*

En 2010, en collaboration avec le professeur Olivier Rixe, oncologue de réputation mondiale qui dirigeait alors le service d'études cliniques précoces de l'université de Cincinnati, dans l'Ohio, et ses collègues spécialisés dans le cancer de la prostate, nous avons monté un programme visant à déterminer l'impact du plomb 212 sur le développement et l'évolution de ce cancer.

En février 2011, mon téléphone sonne. Olivier Rixe est au bout du fil. Je décèle immédiatement une grande excitation dans sa voix, lui qui n'est généralement pas très expansif :

– Patrick, les résultats sont impressionnants ! C'est spectaculaire !

Chez des animaux auxquels on avait administré du plomb 212 (jamais plus de quelques atomes), le développement des tumeurs avait été remarquablement endigué. Autre signe encourageant selon les experts : les spécimens traités recommençaient à prendre du poids peu après l'administration du médicament. Pour le professeur Rixe, cela ne faisait aucun doute : si les essais sur l'homme confirmaient ces résultats, l'impact sur la maladie pourrait être majeur.

J'eus du mal moi aussi à contenir ma joie. Cette conversation téléphonique restera à jamais gravée dans ma mémoire. Nos efforts et notre détermination commençaient enfin à porter leurs fruits.

Pourtant, tout n'avait pas toujours été simple. À la mi-2008, nous pensions toucher au but. Les premières études sur les souris avaient été prometteuses. Nous n'attendions plus que le feu vert de la FDA pour tester notre médicament sur l'homme. Mais l'agence réclama davantage de preuves scientifiques. Elle nous demanda de renouveler nos essais sur des espèces animales plus proches de l'homme. Nos essais étaient sans précédent et le plomb 212 n'avait jamais été administré à des personnes malades ; à juste titre, les autorités sanitaires avaient besoin d'être rassurées. Il nous fallut malheureusement sacrifier quelques animaux et investir plusieurs millions de dollars supplémentaires pour répondre à ces exigences.

En février 2011, nous avons veillé à mettre toutes les chances de notre côté. Les résultats de nos derniers essais précliniques confirmaient la non-toxicité du plomb 212 ; c'était une formidable avancée. Notre dossier de demande de « passage à l'homme de la radio-immunothérapie au plomb 212 » comportait des milliers de pages, contenues dans une boîte de 35 kilos. Trente jours plus tard, nous étions autorisés à débuter nos programmes. J'accueillis la nouvelle avec des larmes de joie.

Six mois plus tard, nous finalisions l'acquisition d'une société de biotechnologie texane, leader mondial de la production de composés moléculaires servant à coller les métaux sur les vecteurs de ciblage des tumeurs. Une à une, les pièces d'un puzzle imaginé quelques années plus tôt s'emboîtaient les unes avec les autres.

En avril 2012, dans un hôpital d'Alabama, moins d'un nanogramme de plomb 212 fut administré à une patiente atteinte d'un cancer des ovaires. Pour ne pas ajouter au stress de l'équipe, je décidai d'attendre les nouvelles dans mon bureau, dans le Maryland, à plus de mille kilomètres de là. Bien évidemment, je ne tenais pas en place. Lorsque mon BlackBerry vibra, je lus un SMS de Julien, notre formidable directeur scientifique : « Patient traité il y a 5'. »

Je ressentis une émotion indescriptible. J'étais heureux et triste à la fois. Une joie profonde, presque douloureuse tant je l'éprouvai dans ma chair, m'envahit quand je me remémorai les milliers d'heures de travail, les courtes nuits, les efforts acharnés qui nous avaient permis de réaliser cette première mondiale. Mais j'étais triste aussi en pensant à Annie, à Amélie, à tous les autres patients pour qui nous avions été trop lents.

Quelques mois plus tard, nous avons signé un partenariat pour le codéveloppement de la radio-immunothérapie au plomb 212 avec un très grand laboratoire pharmaceutique, leader mondial des traitements ciblés de lutte contre le cancer. En 2013, nous avons traité dix patients. Les essais cliniques sont toujours en cours. La première phase sera achevée courant 2014.

J'ai lu récemment dans une thèse du docteur Alan Hanson, ancien dirigeant d'Areva qui m'accueillit, avec Michael McMurphy, à mon arrivée aux États-Unis en 2007, une phrase disant que rien n'arrive à qui reste assis dans son salon. Comme je suis d'accord ! L'immobilisme du corps entraîne celui de l'esprit. L'abbé Lucas avait bien raison ; les sofas sont nos plus grands ennemis.

J'entends de moins en moins souvent railler mon enthousiasme, et c'est tant mieux. Je pense que je ne pourrai plus jamais me défaire de cet optimisme qui m'habite. Je ne le souhaite pas, d'ailleurs. Je connais son origine et sa raison d'être. Il m'a sauvé la vie et je veux l'honorer jusqu'à ma mort. Ce que j'entends davantage aujourd'hui, ce sont les gens qui me félicitent pour ma « fraîcheur ». Sans doute est-ce de la courtoisie : à bientôt quarante-sept ans, je vieillis, comme tout le monde, bien trop vite. Mais j'aimerais rester frais le plus longtemps possible.

Toute cette aventure m'a aussi fait prendre du recul sur la façon dont, en France, on traite parfois du succès. Au début de notre projet, j'avais fait des moqueries et des quolibets le moteur de mon action. Je m'en suis finalement assez bien accommodé. L'humour et l'autodérision ont longtemps été mes armes ; ils ont le mérite de désarçonner les méchants. À mesure que notre projet avançait, les petites jalousies de quelques-uns sont également devenues perceptibles. Dans un pays où l'on n'apprécie pas toujours les vainqueurs, la jalousie à votre encontre est très bon signe. Aux États-Unis, au contraire, nos travaux n'ont suscité dès le départ qu'admiration et encouragements. Là-bas, le regard sur la chose ou la personne est toujours positif *a priori*. Il m'est arrivé de me sentir presque gêné devant la générosité que me manifestaient des inconnus venus écouter l'une ou l'autre de mes interventions publiques.

Il y a des années, en France, lorsque mon CV était encore aussi maigrichon que moi, j'éprouvais un malaise en société. Je redoutais le moment où le sujet de la formation initiale allait arriver sur la table.

– Et toi, Patrick, tu as fait quoi ?

– Oh, pas grand-chose, j'ai un CAP de mécanicien.

– Ah oui ? Ah, c'est bien la mécanique…

Depuis mon arrivée aux États-Unis il y a plus six ans, seules trois personnes m'ont questionné sur mon parcours… et il s'est révélé qu'elles étaient toutes françaises ! Pourquoi, nous Français, sommes-nous parfois si durs avec nous-mêmes ? Il suffirait d'un rien pour modifier notre regard sur l'autre et mieux accepter les différences. Mais qu'il est long et difficile de changer !

J'aime la France, évidemment. C'est mon pays, j'y suis né, je m'y suis construit. Je l'ai quitté souvent, mais j'y reviens toujours. Des êtres chers y reposent : ma petite sœur, jamais oubliée ; mon père, enterré dans le Nord-Ouest ; ma mère, dans le Sud-Ouest. Pas très pratique, d'ailleurs… Je vais parfois le saluer en Normandie ; elle, non. Je suis encore fâché. Mais ça va mieux. Je finirai bien par lui offrir des fleurs ; je veux croire qu'elle les aimait. En France, il y a aussi bien sûr Sylviane et ses enfants, mes quelques vrais amis, ma belle-famille, sans parler de Line et Boule. Ils me manquent tous beaucoup, et la distance amplifie le phénomène.

Mes parents et mes enfants sont normands du Cotentin, alors les États-Unis, pour nous, « c'est quelque chose », comme dirait mon vieil ami Gilbert. Il y a bien des années, dès que j'ai pu commencer à me déplacer un peu en France, Omaha Beach et le cimetière américain de Saint-Laurent-sur-Mer ont compté parmi mes premières destinations. J'ai eu le cœur serré et les yeux embués à la vue des 7 000 croix blanches en marbre d'Italie alignées au laser. Je n'en ai que plus profondément aimé les États-Unis, avec compassion, comme un ami blessé dont on connaît la force mais dont on sait qu'il est affaibli par de vieilles cicatrices. Les Normands ont de la mémoire.

J'ai été heureux de partir vivre aux États-Unis en famille. Il y a là-bas une forme d'audace, d'immédiateté dans l'action, créatrice d'évolution, d'opportunités. L'instant présent est fondamental. De ce fait, la relation au risque est tout à fait différente de celle qui existe en France. On y trouve aussi ce postulat originel, cette croyance inébranlable que tout est possible : aux États-Unis, celui qui le désire vraiment réussira forcément. Un ancien dirigeant m'a dit un jour : « Tu es une vraie éponge. Avec cet état d'esprit, si tu étais né américain, tu serais milliardaire. » Et après ? Qu'aurais-je bien pu faire de tout cet argent ?

* *
*

Des dizaines de millions d'euros ont déjà été investis dans ce projet, auquel ont travaillé jusqu'à présent plus de deux cent cinquante personnes. La chaîne humaine et de compétences est désormais totalement opérationnelle. J'aime beaucoup cette idée de chaîne dont chaque individu serait un maillon indispensable, au service de l'autre, œuvrant pour quelque chose de bien plus grand que lui-même.

Concrètement, à partir de nos tonnes de thorium, on extrait des nanogrammes de précieux plomb 212. Le métal est transporté dans un petit conteneur depuis notre usine de production en Limousin jusqu'à l'aéroport de Roissy. Il est ensuite mis en soute dans les vols transatlantiques en direction des États-Unis, puis transporté vers divers centres médicaux. La préparation du médicament est achevée à l'hôpital de destination. Le patient traité rentre chez lui le jour même.

L'objectif des essais cliniques que nous poursuivons à l'heure actuelle est de tester l'impact du médicament sur les pathologies le plus mortelles. Nous concentrons donc nos efforts sur les cancers les plus agressifs. La communauté scientifique tout entière semble d'accord : la radio-immunothérapie alpha est efficace pour combattre le fléau. Nos avancées sont tangibles et très encourageantes. Mais elles nous semblent évidemment trop lentes. Il nous faut admettre que six à sept années de recherche et de lourds investissements seront encore nécessaires pour obtenir l'ensemble des résultats scientifiques et des autorisations permettant aux patients de disposer de nos traitements. Alors nous devons travailler sans relâche, poursuivre nos efforts pour apporter, une à une, les indispensables validations scientifiques de non-toxicité et d'efficacité des traitements au plomb 212.

J'en suis convaincu, nous y parviendrons. Et je rejoins Tommy Lasorda, célèbre entraîneur américain de baseball, lorsqu'il affirme : « La différence entre l'impossible et le possible réside dans la détermination des hommes. »

Épilogue

Retour à la cabane

29 août 2010. À peine atterri à Paris en provenance de Washington, j'embarque dans un Airbus d'Air France à destination de la capitale girondine, où une voiture de location m'attend. Je n'ai pas fermé l'œil une seule seconde depuis mon départ des États-Unis, la veille au soir. Aujourd'hui, pour la première fois depuis trois décennies, depuis que je l'ai quittée à l'âge de seize ans, je vais retourner à la cabane.

Après quarante-cinq minutes de route, je retrouve mon ami Guillaume Debré à la gare de La Teste. Ensemble, nous nous rendons chez mon frère Pascal. Boule habite toujours sur le bassin d'Arcachon. Comme notre sœur Line, il n'a jamais quitté le Sud-Ouest depuis notre départ de l'orphelinat. Il sera notre guide pour retrouver la cabane.

Après toutes ces années, la ville a gagné du terrain sur la forêt. À l'endroit où commençait la piste s'étale désormais une nuée de jolis pavillons. Après avoir garé notre voiture à la lisière du bois et chaussé de vieilles baskets, nous entamons notre marche sur le chemin sablonneux. La poussière grise est toujours là.

Guillaume et Pascal ne s'étaient jamais rencontrés auparavant et, autant pour les laisser faire connaissance que pour m'accorder une pause introspective, je me tiens en retrait. Il fait un temps magnifique ; je retire mon tee-shirt pour mieux sentir le soleil sur ma peau.

Mes chênes sont toujours là, un peu vieillis, mais je les reconnais bien. Je n'en embrasse qu'un, pour ne choquer personne. Spontanément, mes pas me guident vers les zones recouvertes d'épines de pin, où la marche est plus aisée. J'avais oublié à quel point il était pénible d'avancer sur la piste. À l'époque, j'étais moins lourd, bien sûr, et surtout nous n'avions pas le choix. Parcourir cette piste sablonneuse était tout simplement incontournable, et je ne me rendais absolument pas compte que c'était si usant. D'un seul coup, tout resurgit, j'ai à nouveau neuf ou dix ans, je marche au fond des bois, lesté de mon cartable et submergé par la peur.

Au moment où je rattrape Boule et Guillaume, mon frère est en train d'évoquer certains de ses souvenirs de la cabane. Comme le jour où, agressé par les adultes et voulant saisir un couteau pour se défendre, il s'est blessé au pouce. Ou celui où il a découvert notre mère nue, baignant dans son sang sur le sol jonché d'éclats de verre, ivre morte et incapable de le reconnaître. Ou encore celui où il a « explosé la gueule » d'Henri qui était venu l'« emmerder un peu tard dans la nuit ». Au-delà de ces horreurs, que j'avais oubliées, il raconte surtout comment le gaillard qu'il est devenu à l'adolescence a pris progressivement l'ascendant physique sur les adultes et choisi de répondre au terrorisme par la guerre pour gagner enfin la paix.

Au cours de ma marche silencieuse, je ne peux m'empêcher de penser à Line. Comment a-t-elle vécu cet enfer, cette barbarie ? Quelles ont été ses souffrances ? Nous n'osons jamais en parler. Plus tard, peut-être. J'ai une profonde affection et la plus grande admiration pour Line ; il lui aura fallu à elle aussi beaucoup de courage et d'énergie pour se construire envers et contre tous.

Après une bonne vingtaine de minutes de marche, nous arrivons à la cabane. Trente ans plus tôt, nous aurions été accueillis par les hurlements des chiens affamés. Aujourd'hui, le lieu-dit « Les Conseils » est étonnamment calme. Pas âme qui vive. Nous nous approchons et, prudemment, contournons la maison. Les portes sont ouvertes. La cabane est vide, abandonnée. Boule entre en premier. Je perçois à nouveau la violence dans mon ventre et cette pointe douloureuse qui revient piquer mon cœur. Il m'en coûte de suivre mon frère : j'ai peur de recontacter des souvenirs qu'il m'a fallu tant de temps pour digérer.

Nous commençons par parcourir l'aile où se trouvait la chambre de Christian, celle du vieux poêle à bois – qui a disparu –, près de l'espèce de lit où dormait Line. D'épaisses toiles d'araignées obstruent l'entrée du pigeonnier que Boule et moi occupions. À travers le prisme de mes yeux d'adulte, je trouve la pièce minuscule. Boule la mesure au pas : trois mètres sur trois.

Le trou laissé jadis par la Brenneke est toujours là. Je reconnais quelques lambeaux de posters de stars de l'époque, comme celui de la chanteuse Kim Wilde. Je devais la trouver belle, Kim. Je tombe aussi sur mon nom écrit au feutre sur une poutre. Des initiales entourées d'un cœur sont gravées sur les planches qui constituaient les cloisons. Sont-elles de moi ?...

Toujours suspendu à un clou au mur, là où je l'avais accroché, je retrouve un petit objet en bois que j'avais fabriqué moi-même. C'était un disque d'environ quinze centimètres de diamètre ; j'y avais planté des clous en cercles, puis j'avais entrelacé entre eux des fils de laine rouge et noire, ce qui donnait à l'ensemble des allures de chapiteau. Boule le décroche précautionneusement et me le tend. En tenant dans ma main cet objet insolite, je me rappelle que nous n'avions pas de jouets. J'imagine que j'avais voulu en fabriquer un avec les moyens du bord, peut-être inspiré par un cirque que j'avais croisé.

Soudain, tous les souvenirs de mon passé d'animal resurgissent ; les larmes aussi.

* *
*

Mon trajet de retour aux États-Unis fut douloureux et gai à la fois. C'était comme si deux pans de moi-même, indissociables, se livraient bataille pour conquérir prioritairement mes pensées. Ma mémoire se mettait à revisiter des histoires que j'avais enfouies à grands coups de désensibilisation. Je flottais dans un espace-temps parallèle, confus, fait d'images anciennes se superposant à celles du présent dans le plus grand désordre. En même temps, j'étais empli d'une intense sérénité et d'une joie profonde à l'idée de retrouver la quiétude de ma vie américaine et l'amour de ma famille.

Je fus en proie à cette joute intérieure tout le temps du vol, mais le conflit s'apaisa dès que je posai le pied sur le tarmac de l'aéroport de Washington-Dulles. Les derniers kilomètres parcourus en taxi jusqu'à mon domicile, dans le Maryland, ramenèrent le calme dans mes pensées. Mon épouse, sans laquelle rien n'eût été possible, m'accueillit dans le confort de notre chaleureuse maison avec nos deux enfants chéris.

* *
*

Puisque rien n'est jamais joué d'avance, peut-être cette histoire ne fait-elle que commencer, qui sait ? Si mon témoignage peut être utile ne serait-ce qu'à une seule personne, elle-même perdue au milieu de sa propre forêt, alors j'aurai le sentiment d'avoir réussi mon humble pari.

Remerciements

Mille mercis à Line et à Boule pour avoir été présents quand tout était insupportable ; à ma famille normande pour toutes ses actions jadis ; à Catherine et à Odile, de l'OMPN d'Osmoy, pour leur affection quand il en manquait tant ; à ceux qui ont créé l'OMPN et à ceux qui font vivre Orpheopolis aujourd'hui ; à M. Alain Taris et à Mme Anita Jules pour m'avoir évacué ; à M. et Mme Gérard et Marie-Claire Luc ainsi qu'à leurs enfants pour leur douceur, leur humour et le merveilleux modèle familial qu'ils ont représenté ; aux familles Carneiro et Eyquem, de La Teste, pour leur gentillesse ; à M. Jean-Pierre Seguin, de Gujan-Mestras, pour son attention et ses conseils ; à M. et Mme Jean-Pierre et Liliane Peyrondet et à leur fils Patrick pour leur affection de toujours ; à Mme Sylviane Phelippot et à ses enfants, Laurent et Cécile, pour leur accueil et leur amour ; à M. Jean-Claude Garnier pour le rire aussi ; à M. Jean-Henri Simon pour sa bonté, ainsi qu'à son épouse et à leurs enfants ; au maître principal Dieny pour sa générosité ; à M. Alain Bernard, de Tourlaville, pour son aide et son humour ; à M. Jean-Claude Dumont pour sa confiance quand elle me faisait tant défaut ; à M. et Mme Vincent et Claudie Jouet pour leur générosité et leur amitié fidèle ; à M. René Rabasse pour son affection, ainsi qu'à Jocelyne ; à M. Gilles Lescat pour son audace avec moi ; à M. Claude Jaouen pour sa bienveillance, sa constance et la noblesse des valeurs qu'il incarne à mes yeux ; à mes psychothérapeutes pour avoir tenu ces grands miroirs face à moi ; to my marvelous American friends and faculties at the Gestalt Institute of Cleveland, Ohio, et à mes merveilleux compagnons et enseignants à l'École parisienne de Gestalt pour leur soutien ; à mes nombreux autres sauveurs et amis pour leur attention, dans la sphère professionnelle ou ailleurs ; enfin, aux personnages plus anonymes parfois dont la générosité ou tout simplement l'attention et la bienveillance m'ont elles aussi permis de cheminer malgré l'adversité.

Composition et mise en pages
Nord Compo à Villeneuve-d'Ascq

Cet ouvrage a été imprimé en France par
CPI Bussière
à Saint-Amand-Montrond (Cher)
en avril 2014

PAPIER À BASE DE
FIBRES CERTIFIÉES

Fayard s'engage pour
l'environnement en réduisant
l'empreinte carbone de ses livres.
Celle de cet exemplaire est de :
0,500 kg éq. CO_2
Rendez-vous sur
www.fayard-durable.fr

85-57-8887-0/01

Dépôt légal : avril 2014.
N° d'impression : 2009108.